朱家非比尋常的日常【二】

胡丹 著

窺探明太祖、成祖與眾太子間的愛恨糾葛

借詩點評明朝十六帝

皇帝	詩	詩解
太祖洪武帝 **朱元璋**	有的人，他活著別人就不能活（臧克家《有的人》）	他是歷史上最為多面的一個皇帝，他到底是猛虎，還是狐狸？
惠宗建文帝 **朱允炆**	有的人活著，他已經死了；有的人死了，他還活著（臧克家《有的人》）	他丟了江山，也丟給後人一個津津樂道的話題，他在口碑中實現了永生。
成祖永樂帝 **朱棣**	卑鄙是卑鄙者的通行證（北島《回答》）	他的名字是弒君者，關於他的「偉大」，不過是一篇墓誌的諛辭。
仁宗洪熙帝 **朱高熾**	我曾夢摘星辰，醒來一顆顆從我指間墜落；覺悟後的虛空呵，叫我如何不惆悵？（冰心《我曾》）	外表很仁厚，生活很艱辛，結局令人大跌眼鏡——這就是他。

宣宗宣德帝
朱瞻基

告訴我，用你銀鈴的歌聲告訴我你是不是預言中的年青的神？（何其芳《預言》）

他本是一個紈褲的「皇二代」、遊戲天子，名聲卻異常的好，白白掙來一個「盛世」。

英宗正統（天順）帝
朱祁鎮

它似乎即將傾跌進深谷裡，卻又像是要展翅飛翔　（曾卓《懸崖邊的樹》）

皇帝幹了兩任，前半截糊塗，後半截精明；他的命運證明了：上帝對所有人都公正，我們只需要等待。

代宗景泰帝
朱祁鈺

如殘葉濺血在我們腳上，生命便是死神唇邊的笑　（李金髮《有感》）

一個最幸運的人，一個很不幸的人，兩種命運，集合在他身上。

憲宗成化帝
朱見深

看這滿園的欲望多麼美麗（穆旦《春》）

一個一團和氣、至情、多才多藝，而生育力旺盛的人。

孝宗弘治帝

朱祐樘

一道小河，平平蕩蕩地流將下去（冰心《春水》）

他對妻子的愛，漸漸成為傳奇；他本是一個平庸的人，竟也幸運地進入最著名帝王的行列。

武宗正德帝

朱厚照

從明天起，做一個幸福的人（海子《面朝大海　春暖花開》）

他是一個特立獨行之人，戲劇小說就喜歡這樣人，所以經常在戲裡做主角。

世宗嘉靖帝

朱厚熜

完整等於缺陷，飽和等於空虛，最大等於最小，零等於無限（陳敬容《邏輯病者的春天》）

他一生煉丹修仙，只落得一個壞脾氣；但他二十多年不上朝，卻乾綱獨斷，權柄緊握。

穆宗隆慶帝

朱載坖

在擺著無數方向的原野上／這時候，他一身擔當過的事情碾過他，卻只碾出了一條細線（穆旦《線上》）

性格平庸、聲名不顯的皇帝，人們記不得，他在位的六年，是大明王朝最後的餘暉。

神宗萬曆帝

朱翊鈞

這汗津津的一身疲憊，冷冷地
包裹著我蒼涼的心（苗曉
《烏騅別霸王》）

眾人皆知他的懶惰，而不知他的痛苦；無論是生前還是身後，他沒有得到任何的同情。

光宗泰昌帝

朱常洛

生命脫蒂於苦痛，苦痛任死寂
煎烘（袁可嘉《沉鐘》）

二十年的痛苦等待，太長；一個月的天子，太短。

熹宗天啟帝

朱由校

多麼快，人生已到嚴酷的冬天
（穆旦《冬》）

童年懵懂，遊戲無知，終成婦寺的玩物。

思宗崇禎帝

朱由檢

一切死亡都有冗長的回聲
（北島《一切》）

危牆之下，十七年的苦撐，最後只換得煤山頂上的一根槐枝。

前言

這部書二〇一三年七月首發於天涯論壇的「煮酒論史」版，帖名曰「明宮鬧鬼」，它是目前中國圖書市場上第一部全面揭開明代宮廷祕史的著作。

這是我第一次在網路上發表作品，雖說是每日更新，但並非現寫現發表。我直到現在仍然認為，歷史寫作是需要沉澱的，不管是通俗作品，還是學術論著。過去說「搞歷史」是坐冷板凳，正為此意。一部好的歷史作品不是連夜趕工就能夠趕得出來。這部書首發時，全書已經完稿，為此花費了我近一年的業餘時間。然而網路發表就像賣切片蛋糕，巨型磨盤那樣大的一塊蛋糕，卻須一片片切了販賣。如此拿過初稿，修改一點發表一點，每天兩三千字，這種寫作和「發表」，對我來說是全新的體驗。

網路發表作品，作者與讀者直接「面對面」，二十四小時無障礙，這使得作者可以隨時吸收讀者意見，在與粉絲互動的同時，對全文的內容、章節及文風等做出各種必要的調整。在這個過程中，我對該書的框架及發展脈絡有了更為清晰的思路：我決定對內容進行擴展，寫成一個宮廷系列，定名為「明宮揭祕」系列。

網路文章是沒有字數限制的，不僅沒有限制，有時候還多多益善。本書寫下來，全文長達五十萬字，對於一部實體書來說就嫌太長了。故在編輯的建議下，將該書做成三部曲，將已寫成的拆成兩部，分別出版，同時進行第三部的寫作。且因「鬼」這傢伙頗犯時忌，無法做正式的書名，不得不重新擬名。看官朋友，您手中拿的這本書，為「明宮揭祕」系列的第一部，《朱家非比尋常的日常》則是它的大號。

「明宮揭祕」三部曲，在內容上是如此安排的：

第一部以大明王朝男性成員為中心，主要寫明朝皇帝父子、兄弟之間的糾葛與鬥爭，講述的是朱氏王朝的私密血腥家史。

第二部將視角放在朱家的女性成員上，講述帝后的恩愛情仇，揭祕後宮嬪妃以及她們的「外家」皇親國戚們或喜或悲、大起大落的波折命運，其中牽出好幾個大案，都是沒人寫過的，尤請注意。

第三部繼前兩部講明宮的主人之餘，這一部專講那些在後宮「用事」，並且權傾朝野的閹奴們。

這三部作品，獨立成書，又相互銜接，共同編織成一部完整的明代宮廷祕史。

所謂「祕史」，絕非炫奇以招攬生意，「絕密」二字，也非故作神祕，故弄玄虛。看官，包治百病的小廣告貼得滿街巷都是，但有誰把它當皇榜揭？絕密也好，祕史也好，意在表明，我將透過大量內幕史料的發掘，帶領朋友們，一起深入大明王朝的後宮祕境，做一次有趣的、增益見聞的探祕之旅。

天子的後宮，紅牆如林，重門深鎖，對外人充滿誘惑，但到底難以一窺究竟。占據了北京內城中心相當面積的紫禁城（今中國故宮），是整個王朝最為神祕、也最令人神往好奇的所在。中國人最喜歡「圍觀」，可恨的是，我們的目光無法像紅外線一樣，穿透層疊的宮牆，直擊皇帝和他三千佳麗的日常起居，就是爬到北京前門城樓上去也不行！但宮牆只能阻擋人的視線，卻無法阻止人們的耳朵去聽、嘴巴去傳、想像力去神馳，無法阻擋「市井小民」以他們的方式去穿越。自古以來，不斷流傳著關於內廷的種種傳說，有些前代故事還被編入戲曲，廣為傳唱。

但總括來說，宮廷史資料，尤其是信史，非常匱乏。

清初開《明史》館，毛奇齡奉命參與《后妃傳》的撰寫，他馬上遇到這個問題。他說自己「歷探中祕，以為必有異聞畸事，可補疏略」，可謂信心滿滿。然而細查「正史」（包括《明實錄》、《起居注》及其他官方檔案）才發現，書中所記只是些「冊封年時及后妃崩死喪葬諸禮節，而他無所有」。這可怎麼辦？毛先生只好到「外史」（即野史）中去搜尋資料。幸虧他家藏一本《宮闈記聞》，乃以此為綱，再補充一些資料，得以完差。毛奇齡透過抓鬮，得到天順、成化、弘治至正德這一段的編寫任務，待公事畢了，資料還有剩餘，他也沒浪費，編成《勝朝彤史拾遺記》一書。

令毛老先生頭疼的，正是纂修宮廷史必然迎頭碰上的問題：史料不足。如其所言，官修正史中的資料多是些冊封、喪葬禮儀，殊乏鮮活的事例，日常起居之態更是沒有；較為豐富多樣的資料來自野史，然民間記事，很難溯源，真偽難辨。

我的辦法是，資料不足的問題，還得靠努力獲取更為全面的資料來解決，尤其是那些相互牴牾、矛盾的史料，透過縝密分析，使之參互，以確認哪一種記載更為可信。

這樣做有兩個好處：第一，許多看起來疑似難解之謎，由於相關資料的拼接，其原委、關聯、線索就如芙蓉出水一般清晰呈現出來，豁然而解。比如仁宗朱高熾為何失愛於其父？過去多說他因肥而遭厭，恐非正確。本書從靖難之役到永樂年間紛繁複雜的政爭關係中，做細密的梳理，提出新論：仁宗失去他父親的愛與信任，是因為他在參與是否起兵「靖難」的決策時，發表了錯誤意見，一時言語唐突，他為此付出了二十餘年的沉重代價。諸如此類的新觀點、新見解，在本書纍纍而發，層出不窮，請看官鑒之。

第二個好處，使我們在觀察、認識一些歷史人物或事件時，升至應有的高度，而不會陷入瑣碎的資料，泥於陳說，無所發現。

這方面最典型者，莫如我綜合各說，對建文帝生死之謎做出的判斷。本書第一次揭示明成祖朱棣以及仁、宣三代服食丹藥的真相，進而討論明代宮廷「吸毒」的家史，指出明宮中頻繁出現的「鬧鬼」現象，既是殘酷宮闈生活的表現，也與帝王們沉溺於道教修合燒煉之術密切相關。本書所展現的眾多史事，不少都是第一次集中論述（如成祖三子爭嗣、宮廷鬧鬼與剿鬼等），其觀點與結論多屬獨見，讀者在本書中絕不會看到任何的重複襲說，或言不及義的胡扯。

可以說，我透過大量資料的細密分析，找尋到一道深入歷史現場的「後門」。

而這個後門，不是隨便哪個歷史寫手都能隨意開啟的。因為作者必須掌握豐富的史料，對相關問題素有研究，擁有強大的研究背景——而我作為一個歷史研究者的優勢，於此得到淋漓盡致的彰顯。在寫作過程中，我用一個詞形容自己的感受：痛快！新史料、新見解，層層疊疊、源源不斷，占據了本書的主要篇幅。

我是一名學術研究者，雖然在這之前，為《紫禁城》、《看歷史》等多家大型文史類期刊供稿，撰寫一些幾千字的短文，幾年下來，篋內也積了十餘篇。但如前所言，以連載的方式和以那樣長一個篇幅完成一部通俗歷史作品，卻是第一次。當我嘗試著跨界，利用自己的專業知識，在網路發表一部有關明代宮廷史的通俗讀物時，發覺自己首先必須走好平衡木。

我所受的專業訓練是學術的。而學術論文的寫作，唯求其創新與規範，包括行文風格、注釋、文獻引用等，而不存在讀者看不看得懂或取悅讀者的問題。而當我寫這樣一部通俗作品時，我不得不在文風上、表達上做出必要的調整，以方便讀者流暢地閱讀。史蒂芬·霍金在寫作《時間簡史》時說過，一本通俗讀物中每多出現一個公式，都將會使銷量減少一半，即便那公式出自愛因斯坦之手。對於這部書來說，「公式」就是文言文。為此，我盡量把所引用的古文融入到論述中，或者做現代語的翻譯，這既是為了降低閱讀門檻，也是為了保障全書文風的一致性。我時刻提醒自己，可不要把一個有趣的「後宮」主題，寫成一塊令人難啃的麵包。

有意思的東西，必須用有趣的方式表達出來，我希望每一個詞都浸注更多的深意，冒出趣味的泡泡。但是否達標，還請看官鑒定！

我寫這部「明宮揭祕」系列本書，獲得了許多編輯及學界朋友的鼓勵和支持。一些出版社編輯在與我分別交流時，表達了一個共識：如今在網路上發表的通俗史文，多乏深度，文筆也雷同，這類作品在經歷了它的狂飆突起之後，實際上已然退潮。他們認為，學者放下身段來為大眾寫作，才是大勢所趨。我新近結識的一個朋友，做了一個很通俗的比喻：「通俗史文這個領域，有產階級不去占領，無產階級就去占領了。」他說的「有產階級」，指的就是那些對歷史真正有研究、有自己的觀點、掌握大量史料的學者。人們讀史，最終是想獲得知識與啟示，但其前提是，他們手捧的讀物，必須是真正有價值的。

本書在天涯論壇首發後，得到了許多讀者朋友的熱捧，並在當年天涯論壇十大作品的網路票選中進入前十。我特借此地對朋友們的厚愛表示感謝，希望得到你們的繼續支持，我將在史海奮臂鼓浪，為讀者朋友們奉獻出更多、更好的作品。

目錄

第二卷　皇子與儲位

第三卷 北邊起風塵

第四卷　建文帝的生與死

第一卷

起點為零

第一章　頭無片瓦，腳無尺土

明代江南四大才子之一的祝枝山，性格狂放不羈，他手生六指，卻偏好記奇聞異事。在他的筆記《前聞記》裡，記了這樣一件事，說國初時，太祖朱元璋在南京建了一座歷代帝王廟，廟成後，親自臨祭，先和每位前輩帝王乾了一杯，然後折回漢高祖劉邦的神位前，笑著說：

「劉君，今廟中各位，當日得天下，無不有所憑藉。唯有我你二人，不階尺土一民，只憑手中三尺長劍，掙來這份大家業。來，你我多飲兩杯！」

豬（朱）皇帝向牛（劉）皇帝致以特別的敬意。從此形成定例，南京歷代帝王廟每年一次的大祀，什麼三皇五帝、鳥生魚湯，酒都只准吃一爵，唯獨劉邦稍能盡興，可飲美酒三大觥。

老朱如此厚此薄彼，豈非故意製造矛盾，讓老劉在帝王廟有混不下去的意味？

這故事當然不可信，但它寫豬、牛兩位農家皇帝，惺惺相惜，以「勸君更盡一杯酒」的生動形式，指出這樣一個事實：大明之太祖，與大漢之高祖，都是以板寸頭兒（平民）的身分躍過龍門，化鯉為龍的。

這樣的話題，其實對明朝人來說，並不新鮮。

明中期，郎瑛在《七修類稿》裡有一段頌辭，道是：「自古帝王之興，要嘛位高，要嘛勢重，其事業之成就，無不擁有奇資重本；便是那漢高祖劉邦，雖然出身低微，到底也做過一任泗上亭長，哪及得上我朝太祖，頭無片瓦，腳無寸土，幹出那樣一番大業？」

拜託，郎老先生！您就差揭穿朱皇帝托過缽、行過乞的老底啦！

依他的口氣，「我太祖」不把劉邦比下去，不足以證明他曾經混得有多慘。好像劉邦做過小小的亭長，就有所援引憑藉了，而本朝太祖，禿瓢一個，光棍一條，匹夫一介，才是真正的「不階尺土者」。

郎瑛本為誇耀之詞，不想吹牛過了頭，變成「流氓無產階級萬歲」了。

其實前代「不階尺土」而成就大業的皇帝盡有，譬如蜀主劉備，雖被人恭稱一聲皇叔，發達之前不還在街上編草鞋賣——每天被城管欺負，有沒有！

但為何明代人只抬愛劉邦，而罔顧其他好漢叫屈呢？只因前世帝王中，唯有劉邦的成功，最具跨時代的偉大意義。

漢代以前，每一個國家，無論其大小，都有久遠的譜系可以追溯。

夏代的情形，無文獻可證，說不清楚。以殷商為例，在開國之君湯以前，可考的世系即有十三代，一直可上推到幫助大禹治水的契。到湯滅夏時，國勢強盛已久，商朝不是突然一夜致富的。

周朝也一樣，始祖後稷以下，可考者有十餘世，在武王克商前，有公亶父、公劉、太王、王季等，都是名人，然後才是文王；到文王之子武王伐紂時，老姬家在關中「周原」之上經營已數百年。

秦朝，從秦仲立國，中經文、穆、獻、孝等公，稍稍蠶食六國，到始皇帝乃成帝業，也有六百多年的歷史。

中國當代史學大師顧頡剛先生說，漢以前的朝代，都是由小國變大國，由大國而為共主，這是普遍的規律，從未有平民做天子的。然而平民做天子的傳說，在戰國時期卻很流行，比如舜，最初只是一個鰥夫，後來登上帝位，他就是孟子所說的「匹夫而有天下者」。

有這樣一種思潮作背景，漢室之興可謂順天應命，劉邦前所未有的以平民百姓的身分登天子之位，遂與堯、舜、禹、湯等聖王的興起一樣，成為可誇的盛事。司馬遷忍不住連呼「大聖」，說高祖劉邦「王跡之興，起於閭巷」，他正是傳說中那位將從小巷裡走出來的大聖人。

所以在《史記．高祖本紀》裡，司馬遷不憚如此介紹本朝高祖和他的令尊與令堂：

「高祖，沛（縣）豐邑中陽里，姓劉氏，字季。父曰太公，母曰劉媼。」

太公是老年男子的尊稱，劉太公就是劉老先生；媼指上了年紀的婦人，劉邦的媽媽被稱為劉老太太，連娘家姓氏都沒留下。

劉邦字季，他有兩個哥哥，一個叫劉伯，一個叫劉仲，伯仲叔季，都不是正名兒，等於喊劉家老大、老兒和老三，差不多就是個無名氏。

恰好朱家兄弟也是這樣，按著順序排，分別叫重四、重六、重七；朱元璋在族兄弟中行第為八，故名朱重八，等於就叫朱老八。

貧賤之家，不就是如此嘛？

前後一千五百年，漢、明二朝的開國之君，都創造了魯蛇逆襲成功的典範。

劉邦白手起家，掙來偌大一份家業，已足以向老太公和世人炫耀，而不必另有附會。漢朝的皇帝都可以唱：「爸爸劉老三是我的神話。」漢代的宗廟歌曲，如《郊祀》、《房中》等，宣揚漢德，誇辭甚多，但始終沒有提及高祖的先人。

直到漢末，才有書生破天荒地喊出：「漢家，堯後，有傳國之運。」至此劉家才有了一位非常榮耀的祖先：「五帝」之一的堯。

劉家的世系也漸漸補齊，到東漢班固作《漢書．高帝紀贊》時，從劉邦往上，已「考」

出極為遠長的源流和世系——這便如同補鍋，補上去的，一定是從別處撿來的碎鐵，並非是它原有的。劉家的真老祖，誰曉得在哪條街賣過炊餅呢！

朱元璋自述家世，原也本本分分，不請名人來造勢。元末至正二十三年（一三六三年），他事業有成，想起追闡祖德，便寫了一篇《朱氏世德碑》，自我介紹道：

「我的先父娶了先母，大哥重四公生於盱眙，二哥重六公、三哥重七公，皆生於五河。我是老么，是全家搬到鐘離（即鳳陽）後所生。」

碑文老實，並未諱言老朱家「名不見經傳」，說明朱元璋尚存質樸，沒有興趣編造神話故事和不尋常的來歷去唬人，這與他動輒說「朕本江淮布衣」、「朕本農夫」是一致的。

朱元璋不是沒動過追捧一位名人作祖先的念頭，想來想去，姓朱的裡面還是數南宋大儒朱熹名氣大，便打算在修「玉牒」（皇室的家譜）時，挖個坑，把朱老夫子埋進去。

一日，朱元璋在上朝時，和一名外地來京的小吏談話，聽說他姓朱，立刻來了興致，親切地追問這位「同宗人」：

「你是哪裡人？」

「小臣是徽州人。」

小吏答道。

「徽州出人才，朱夫子就是你們徽州人。」朱元璋笑道，「莫非你是朱子之後？」

「小臣不是朱子的後人。」

小吏老實答道。

孰料說者無意，聽者有心，小吏一番話竟然撥動了皇上的心弦，書中接下來寫道：「帝心頓悟」。

原來朱元璋聯想到自己想冒認朱熹為祖的事，突然醒悟了：「人家一個小吏都不隨便冒人之後，我堂堂享國之人，又豈可妄認祖宗？」因發一嘆，從此便把那念頭打消了。

此事不知真假，但朱元璋在位時所刻《朱氏世德碑》和《皇陵碑》裡，確實沒有朱文公的大名。

第二章　朱重八的「大風歌」

《世德碑》是老朱家的第一篇家譜。在朱元璋動筆寫它的前七年，即元順帝至正十七年（一三五七年）六月，朱元璋作為占據今安徽和州的地方武裝郭家軍的一名成員，隨軍渡過長江，占領太平、句容等地，並於第二年攻克元朝江南重鎮集慶路，將其改名為應天府，也就是後來大明王朝的帝都南京。

這是朱元璋「龍飛」的關鍵時期，過去寄人籬下的他，自渡江後開始獨立發展，不僅擁有了自己的基本班底與部眾，還在江東占據了一塊穩固而富庶的根據地，不再是「流寇」了。

發達的朱元璋，比以往任何時候都需要宗族的支援。他記得父親說過，老朱家的本宗出自句容（今中國江蘇屬縣），地名朱巷，此地就在南京城外不過四十里，他立即派人去尋訪。

其實朱家的世次，頂多能推到五世祖「仲八公」。仲八公生三男，老三「百六公」是朱元璋高祖。百六公生二男，老二「四九公」是朱的曾祖。四九公生四男，長子「初一公」是其祖父。初一公生二男，老二朱世珍便是朱元璋的「先考」了。

朱元璋的伯父朱五一有四個兒子，叫重一、重二、重三、重五；朱父娶了泗州人陳氏，也生了四個兒子，依著從兄弟的行第，分別叫重四、重六、重七和重八。老么重八便是朱元璋，他是父親在年近五旬時所生，算是老來得子。

朱家祖先的名字，從仲八公一路下來，初一十五，像是過節。元代的小民百姓，取名多是如此。唯獨到了朱父，遽然來一個「世珍」，優雅得有些怪異。其實這並非他的本名，他的名字毫不出奇，原叫朱五四。朱元璋當大官後，覺得用重八這個牛倌之名發號施令太顯寒磣，他的對頭張九四，都改叫張士誠了，於是改名為元璋，字國瑞，順帶替他已經過世的父親也改了名，他的哥哥重四、重六、重七也都重新整編，分別叫作興隆、興盛和興祖。

據《朱氏世德碑》講，朱家在元朝是淘金戶。

元代實行嚴密的戶籍制度，把百姓強制編入「諸色戶計」，如儒戶、軍戶、樂戶等等，一旦入籍，子孫不能改業，世代對官府承擔義務，實際上就是官府的奴隸。而元代的定籍非常隨意，好比朱家世居句容，金不是當地的土產，教那些金戶哪裡淘金去！只好自家買金充貢。長此以往，無以為繼。朱家為重役所困，無計得脫，久之家計消乏，只有逃亡一條路。

朱元璋的祖父初一公，就是實在交不上賦稅了，才逃到泗州盱眙縣。祖父死後，兩個兒子不善經營，又逢上戰亂，家道更加衰落，不得已只好遷到濠州鐘離縣（今中國安徽鳳陽）的鄉下居住。

朱家遷離盱眙時，朱父才八歲，到朱元璋派人來訪親時，已過了七、八十年，這還哪能找得到親戚？不過不要緊，俗話說「富在深山有遠親」，朱家世代務農，忽然間出了個大官，還是統領本貫鄉土的大帥，誰不樂得來攀親，好求個蔭護？這一尋訪不打緊，同族父老昆弟竟來了四十多人。

朱元璋大喜，與他們「敘長幼之禮，行親睦之道」，彷彿當年劉邦衣錦還鄉，擊筑而唱《大風歌》的情景再現。

當年劉邦被父老們簇擁著，人人嘴上塗蜜，話語可心暖人，把劉老三吹得暈暈乎乎，一曲才罷，就下令永遠免除「龍興之地」豐、沛二縣的賦稅。朱元璋當皇帝後，也下旨免除了最早幾塊地盤的賦稅——他坦承，這一手是學漢高祖的。

朱元璋在元至正二十三年（一三六三年）撰寫《朱氏世德碑》，不是無緣無故的。這一年的三月，身為韓宋「龍鳳」政權江南行省右丞相、吳國公的他，獲得一項重要榮譽：他的考妣三代，即父母、祖父母和曾祖父母，都被追封為吳國公和吳國公夫人。

龍鳳政權的小皇帝叫韓林兒，他的父親韓山童是白蓮教徒，元末紅巾軍的領袖，因為他自稱宋徽宗的子孫，口號是「反元復宋」，所以後來即以宋為國號。韓山童被元軍捕殺後，韓林兒在劉福通等人的扶持下建國登位，年號龍鳳，先後定都於亳州（今中國安徽境內）和汴梁（今中國河南開封）。

朱元璋與韓宋政權並無淵源，他本人也不是白蓮教或「明教」徒，但他在江南占據一塊地盤後，採取韜光養晦的策略，接受了當時在中原、淮上一帶實力雄厚的龍鳳政權的封爵和名義上的領導。當時的文書，都是先書「皇帝（韓林兒）聖旨」，再書「吳王（朱元璋）令旨」，紀年也採用龍鳳年號。元朝的至正二十三年，也就是韓宋的龍鳳九年。

此時的朱元璋，哪想到會有一步登天做皇上的一天？他的敵人多著呢！陳友諒（漢）、張士誠（吳）、明玉珍（夏），還有其他一些小諸侯，割據一方，實力都與他相若；正統的元朝，仍然占領著中原及北方的廣大地區。就是在他頭上，還頂著一個韓姓的小朝廷。這個朝廷一度非常強大，曾發兵三路北伐，一直打到元朝的上都（今中國內蒙古錫林郭勒盟境內）和遼東（今中國東北遼河以東），差一點把元帝國的寶座給掀翻了。可惜功虧一簣，龍鳳政權在北伐失敗後迅速衰落。為了籠絡依附於它的地方實力派，特賜給朱元璋祖上三代恩典。

朱元璋聞命，欣然接受，甚至還有點大喜過望，親自來到先人的墳前，焚黃告祭，把令人揚眉吐氣的喜訊傳送給地下的枯骨。

這個時候的朱元璋，還把別人賜的一頂小帽當寶。後來做了皇帝，昔日的主子在官方詞彙裡已變成「紅妖」和盜賊，他開始回避曾經臣服於龍鳳政權這段歷史，三代追封吳國公的事更不必提起，《世德碑》也遭毀棄——朱氏煌煌之德，才轉了個眼，竟成了諱史——這不是見風轉舵嘛！

第三章　陰間陽間都稱王

朱氏四代世系表

（括弧內為追封之爵與號）

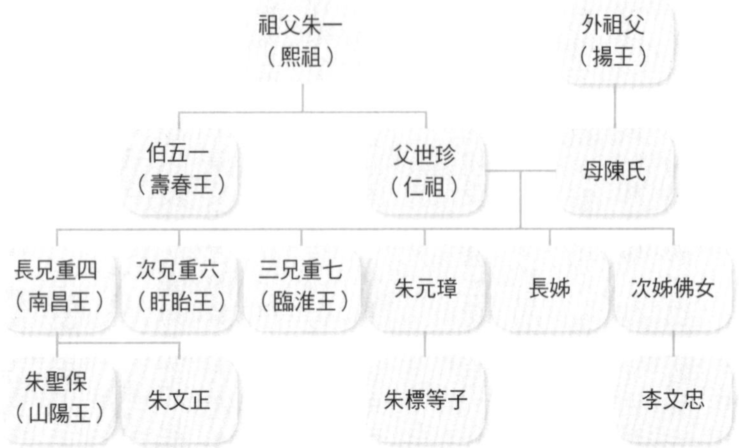

從祖父輩開始，朱家人就過著居無定所的生活，在亂世中輾轉求生。洪武元年（一三六八年）正月乙亥日，迎來了朱氏家族史上最為紅火旺盛的一天：老朱家最有出息的孩子重八公子在南京登基坐殿了！同一日，一大批因流離貧病而亡的朱家子孫在陰間稱了王。朱元璋將他已死的伯父、親兄、堂哥及侄子們，一概追封為郡王（明代郡王兩個字，如南昌王；親王一個字，如燕王）。

給死人加官進爵，屬於冥封，又稱為「贈」。我想，陰間陽世，閻羅王與皇帝各管一界，大明皇帝傳令閻羅殿，加封生死簿上已經勾了名字的人，豈非越界，干預地下之政？閻王聽不聽，我表示懷疑。

這些封王的「皇族」，說白了就是老朱家的男丁，除了大哥的兒子朱文正，全都死在朱元璋起兵之前，沒命看到朱家富貴昌盛的這一天；朱文正也沒看到，他在朱元璋渡江之前就投奔了叔叔，掏心掏肺、熱火朝天地幫叔叔做事業，結果朱家豪宅將成，他本人卻被狠心的叔叔處死了。此話後文再述。

朱家男性成員封了王，女性該封公主。

朱元璋有兩個姐姐，大姐死得早，洪武三年（一三七〇年）追冊為太原長公主[1]，大姐夫王七一贈駙馬都尉。

二姐朱佛女，比四弟重八年長十三歲，在朱元璋到濠州（今中國安徽鳳陽）參軍的前一年去世。她與丈夫李貞育有一子，小名保兒。朱佛女死後，李貞帶著孩子潦倒於亂兵之中，「瀕死者數矣」。聽說內弟領兵駐守滁陽（今中國安徽滁州），就帶著兒子來投靠。

朱元璋此時剛剛攢了些勢力，「思親詢舊，終日慷慨」，對手足之親的到來異常之喜——「駙馬（李貞）引兒來我棲，外甥見舅如見娘」，這是朱元璋的原話。他把十六歲的保兒收為養子，命他隨己姓，取名朱文忠（即李文忠，在明朝建國前後復姓）。

1 明代制度，皇帝之姑封大長公主，姐妹封長公主，女封公主。

朱元璋對二姐有著較深的感情。朱佛女出嫁後，對娘家人常有周濟，朱元璋還記得：「昔居裡閈之時，（二姐）曾有周旋之益」。洪武元年（一三六八年）二月，朱佛女被追冊為孝親公主。「孝親」二字，在朱元璋眼裡，是二姐品德的最好評語。

亂世裡，孝親最難。雖然李家的日子過得也緊，但李貞對媳婦貼補娘家的行為，還是表示了理解。對此朱元璋銘感在心，久而彌深。李貞死後追封為隴西王，皇帝姐夫封王的，這還是首例。

朱元璋親自撰寫祭文，特地提到往事，說：

「過去生活異常艱辛，爸爸媽媽都非常憂戚，只有我二姐能夠行孝，而姐夫你亦能同之，時常有所資助，這才歉而不荒，勉強度日。」

朱佛女受封時還未下葬，朱元璋把她葬入李氏先塋，所有祠堂碑亭之制，「悉視功臣之贈爵為王者」。洪武三年改冊為隴西長公主。後來因為李文忠被封為曹國公，又改稱曹國長公主。

朱元璋除了一侄（朱文正）、一甥（李文忠），還有兩個侄女，即堂兄蒙城王與大哥南昌王之女。洪武元年，兩位皇侄女分別冊封為慶陽公主與福成公主，夫為駙馬都尉。

按定制，只有皇女才能封公主，王女封公主，明顯超越等級了。對此朱元璋解釋說，是「草創之時，未暇考究」。禮部引唐、宋舊制力爭，要求將皇侄女降封為郡主。[2] 但朱元璋堅持原封，說：「我兄長死得早，只有這兩個侄女，豈忍遽加降奪。」保留了她們公主的位號，只是一年祿米只給五百石，比正牌公主少了三分之二。

蒙城王之女慶陽公主，一直活到永樂初年，在靖難之役時還出來辦了一回「外交」，可觀下文。

朱元璋稱帝後，把自家近親，不管活的死的（絕大多數是死的），逐一加封，安頓妥當。然後寫了一篇《皇陵碑》，宣告大禮已成，可以告慰先人了。他興致很高，親自運筆，擬出底稿，令儒臣潤色。

替皇上家寫墓文，這是莫大的榮譽，但儒臣接過底稿來一看，頓時傻了眼：碑文裡寫的盡是皇上過去如何流寓四方討生活，朝夕彷徨，艱難謀生；他的兄長們——這幾位可都陰封為王了！——為了生存，不得不改姓出贅，做了卑賤的贅婿。但還是頂不住天災加之、疾疫加之，父母兄弟相繼而亡，死後連塊葬地都沒有，要靠好心的善人施捨……活脫脫一副皇家慘運圖！

2　明代皇室女性成員的封號等級是：公主（帝女）、郡主（親王女）、縣主（郡王女）、郡君、縣君、鄉君。除了公主之夫稱駙馬，其餘的統稱儀賓。

雖然這是皇帝「手錄大概」，臣下亦豈敢不用曲筆，否則怎麼叫「潤色」呢？

結果把話說軟和了，皇上不滿意。他說：「儒臣粉飾之文，不足以為後世子孫之戒。」朱元璋心知臣下不敢寫實，遂自己包辦，一把把辛酸淚，都記在帳本裡，好讓後人知曉，今天的幸福生活是怎麼來的，不可忘本。

這篇皇陵碑文，因為是朱家子孫憶苦思甜的教材，所以寫得極真，毫無掩飾。然而其中的內容，卻如自爆家醜，說什麼「上世以來，服勤農業」，又說「因兵南北，生計忙忙」，令大明的天潢貴胄難以為情，龍子龍孫羞於捧讀，便開始動手動腳，做起小動作來。

永樂時，花了很大的精力來重述太祖皇帝的發跡往事，其中用了很大的篇幅來講「聖瑞」，吹出一團「王氣」，把一個肉體凡胎的朱重八包裝成天降的大聖人。

歷史記事有這樣一種規律：舉凡偉大的帝王聖哲，多不是他們的親生之父所孕育的精華——所謂「生身之父」，好像只是個馬甲，掩蓋著神播野種的真相。

在南京明孝陵，立著一塊巨大、刻於永樂十一年（一四一三年）的《大明孝陵神功聖德碑》，碑文中，明成祖朱棣以「孝子」的口吻，大講朱家「龍種」來歷之不凡，說：

> 一日朱母陳氏睡得正酣，忽夢到神靈送她一丸藥，燁燁發光，當即吞下。等一覺醒來，頓覺異香襲體，「遂娠皇考」，懷上了太祖皇帝朱元璋。這小子降誕之夕，有光燭天，甚

是奇異。

果然朱大媽懷上朱元璋，沒他爹朱世珍什麼事！

那麼是誰，在朱大媽的夢裡竊了她的芳心，奪了她的貞潔？雖是神靈，做這等迷奸民女之事，就可以免罪乎？而那「野種」，反可以誇耀於世嗎？

在孝陵碑裡，那顆神聖的種子是從「夢境」來的，而在另一本據說是才子解縉編纂的《天潢玉牒》裡，說法更是神奇。說朱大媽有天在麥場打麥，見一道士，長鬚簪冠，紅服象簡，在場中閒坐，用簡在手中撥玩一粒白丸。朱大媽好奇問：「此何物？」道人答：「大丹也。你若要，與你一丸。」陳氏接過來吞下，再看道士，一瞬間已不見了——隨後，一個小男孩呱呱墜地，此子初誕之時，一道白氣自東南貫室，異香經宿不散。

大概是這一情節中，有個野道士，容易令「思想複雜」的人懷疑朱母偷情。於是在《明太祖實錄》裡，故事的場景，由朱家麥場轉移到朱家老母的夢裡——做個春夢，總比和道士在光天化日之下野合好吧！

實錄首先說，朱母做異夢時，已然有孕在身，這等於還了朱父世珍一個清白，否則老爺子陰間稱了帝，也不會瞑目的。

孕婦多夢，遂夢見一個黃冠道士從西北而至，來到朱家老宅南側的麥場，取出白藥一丸，置於朱母掌中。此丸放光，漸漸變大，十分神奇。道士說：「此美物，可食。」朱母就把它吞了，醒來口中還有餘香。

不知道朱大媽吞食的是什麼催化劑，第二天，朱元璋就出生了，生時紅光滿室，像是發了一盆大火。

類似的故事聽多了，發現聖人們的媽媽都挺嘴饞的，喜歡亂吃東西，一吃肚子就大，一生就生一位了不起的大人物。這些「歷史故事」顯然不能作為青春期讀本，教給孩子們，否則孩子搞胡塗了：在外面亂吃東西，到底是好事，還是壞事？

這些附會神異的故事，今人當然不信了，古人信不信？可能是半信半疑。尤其是盛產名妓的明代，青樓文化發達，又出了西門慶、潘金蓮等許多姦夫淫婦，對於男女私情及生育那些事，應該全無神祕感了。你要拿《明太祖實錄》裡這件事講給西門大官人聽，試猜他將如何噴笑？

我想，寫國史的，也不盡是冬烘秀才，他一定要這麼寫，大概這類縹緲文字已成為一種特定的筆法，好比描繪偉大人物，必要勾幾筆紅光、祥雲和喜鵲做襯托。但這樣瞎編的壞處，卻是剝奪了聖人親爹的專有之權，倒好像「龍種」都是什麼妖道或野物亂施下的。

朱元璋出身詭異，朱家的來頭也不得了，從窮門下戶變成了名族之後。永樂時重修《明太祖實錄》，細數朱氏的源泉，已上推到黃帝之孫、「五帝」之一的顓頊，說是周武王封顓頊之後於邾，春秋時改姓朱，世居沛國相縣，其後一部分族人遷到句容，便是朱元璋所出的那一支。就這樣，「不階尺土一民」的劉邦和朱元璋，到底還是不爭氣，原來他們也是有「憑藉」的！

朱元璋的家世，以他在世時說的最近情理，也最真實。他說過一句真心話：「吾昔微時，自謂終身田野一農民耳。」若非生在那個魔王混世的時代，哪容這樣一位英雄的崛起？然而後代越編越邪，離開了譜，調就亂了，再加上許多無聊文人幫忙捧臭腳，糊塗亂抹，朱元璋被他們改得越來越不像個人了。

不管怎樣，當朱元璋在皇帝寶座一屁股坐下時，定然喟嘆良多，朱氏家族那麼多人口，有命看到他今日冠冕堂皇的，不過六人而已（姐夫李貞、大嫂王氏、二嫂唐氏、外甥李文忠，和兩個侄女）。瞧這人世，何等險惡！這對他的心態，應該產生了重大影響。

第四章　我只想活下來

朱元璋的早年生涯，與一個地方豪強至為相關。此人姓郭名子興，是淮西定遠人，當元末天下大亂時，他盡散家財，廣納壯士，於元至正十二年（一三五二年）春天，「集少年數千人，襲據濠州」。濠州即鳳陽，朱的家鄉，朱元璋的機會來也！

但當時的朱重八還看不出這是他人生的重大機遇。

這會兒他都可能不叫朱重八。早些年，因為家裡窮，養不活他，把他送到廟裡做了一名小沙彌，他應該還有一個法號。自江淮亂起，僧多粥少，廟裡也養不活那麼多白吃的和尚，師傅便打發徒弟們出外游方乞食，也算是災年逃荒的法子。朱重八在外晃蕩了三年，一無所成，而各地亂得愈來愈厲害，沒辦法，只好回到廟裡。

但他就像掃帚星歸巢，災禍隨之而至，他回來沒多久，濠州就亂起來，一趟亂兵一過，把廟就給燒了。朱重八隨著僧眾，一哄而散。但逃至原野，舉目四望，前路茫茫，不知何處是容身之處。他信步走去，竟又回到樑倒柱歪，只剩殘垣斷壁的廟裡。

這個年輕和尚盤坐在一身煙熏火燎的佛像前，為自己算了一卦。

他向神靈請教的問題很簡單，一首當代的歌曲也唱過：

「我是不是該安靜的走開，還是該勇敢的留下來？」（原文：「出與處，孰吉？」）

他為自己設想的路有兩條：出亡，或留下繼續為僧。

他將杯筊[3]往地上一扔，連拋三次，均是不吉。

出與處都不好，那怎麼辦呢？朱元璋摸著頭，疑惑不解，忽然靈光一動：「莫非去投軍，才是昌運嗎？」

他試著按此念頭一擲，果然大吉。

「從軍不是一件容易的事啊，」朱元璋猶豫不決。「況且今日豪傑紛紛，兵匪不分，哪一家才是戡亂的真主，我可不知道呀，豈可隨便亂投。」

於是他復默禱道：「兵為凶事，從軍非我意，請神靈許我出逃避兵。」廟裡是再待不下去了，他希望能找到一個逃命的地方。然而禱畢再投，只見筊具躍然立起，分明在說：「不許！不許！」

神明夠義氣了，一再給他指明方向，但朱元璋不知好歹，依然賴在廟裡不動，直到有故交從軍中以書來招，他還是不為所動，偷偷將來信焚棄。

---

3 筊，又作杯筊，是一種占卜小工具，多用蚌殼或像蚌殼的竹木片做成，擲於地，觀其俯仰，以察吉凶，其實跟扔硬幣差不多。

這段故事記載在《明太祖實錄》裡，我懷疑出自後人的編造。為何呢？只因那位神靈太婆媽，而這個元璋太矯情。

既然朱元璋透過占卜向神靈求告，神靈給出明確的答覆，他為何一再推諉不行，像隻戀巢的小鳥，此為大丈夫所為乎？他既不信神，卻為什麼向神禱告不休？而此禿頑劣，不聽話，神靈該彈他腦門，猛敲他光頭，促其警醒才是，為何竟容他在廟裡又多賴了近一個月？

而這段時間，樹欲靜而風不止。

在接到招他入夥的來信後沒多久，有人告訴朱元璋：「信的事被人知道了，要向官府舉報你，這可如何是好！」朱元璋不懼，慨然嘆息道：「我聽天由命罷了！」似乎他不走的意志轉為堅強了。

我就覺得奇怪了，他的本意不是出逃嘛，此時不逃，更待何時！怎麼還待上癮了？

過了三天，那個據說要告發他的人果然來了，朱元璋與之交談，察其辭色並無相害之意，於是說些好話，將其打發走，接下來就在廟裡窩著。

這樣過了十天，又有人來打小報告，說：「那傢伙不是不告發你，他只是不願自己做惡人，如今他請人告發你了！你宜審禍福，速決去就！」

這時，朱元璋才有些怕了。神靈提示了他三次，好心人警告了他三次，他終於考慮要走了。於是，朱元璋在「不獲已」的情況下，決定到濠州去投軍。

他投的可不是大元的官軍，而是處處揭竿而起的民兵，今天我們習慣稱之為「農民起義軍」，而從當時官府的角度，則是亂賊、匪夥。

看官，你現在明白《明太祖實錄》為何要編造朱元璋以上可笑的情節了吧？原來他費許多筆墨，不過是要為投入匪軍的太祖皇帝正名，表明他的選擇，實在是無可奈何之舉。他本想做元朝的安分百姓，但神靈不許，險惡的環境也不同意，他是「不獲已」才為之的！正所謂本不願與賊為伍，而為賊逼上梁山。

至正十二年（一三五二年）閏三月初一日，百無聊賴的朱元璋來到濠州城下。

僅僅在一個多月前，郭子興與孫德崖等人共同在此舉事，占領了這座城池。而元將徹里不花隨即率兵來攻，企圖規復該城，雖限於兵力有限，不能進取，但濠城內外的形勢仍然非常緊張。

當未來的大明天子昂首挺胸、傲然闊步，走進城來時，守門士兵卻狗眼不識金鑲玉，竟把這位偉大人物當間諜抓起來，還要殺他的頭。

有人見勢不妙，趕緊奔告郭子興，子興派人來解救，一面之下，因見朱元璋「狀貌奇偉異常人」，便把他留在左右，做了隨身親兵。

這是《明太祖實錄》的記載，與朱元璋本人的自述有異。郭子興是朱元璋的恩主兼岳父，若非郭子興的知遇與提拔，絕無後來的大明江山。所以在他死後，朱元璋始終對他懷有一份追憶，洪武中，封之為滁陽王，在滁州為其建廟，並親自為廟碑擬出底稿。

在滁陽王廟碑中，朱元璋回憶了那件往事，說：當初我挺身入濠，為門者所執，將欲加害。有人急告郭王爺，王乃親自騎馬（「親馳」）來救，將我撫之於麾下。

實錄說「遣人追至」，碑文則稱「親馳活之」，到底孰是孰非呢？

遣人與親馳，顯然是不同的。明末清初學者錢謙益說：「其緩急則有間矣。」這種現場感很強的事件，當然應以當事人的回憶為準。但《明太祖實錄》為何不從朱元璋的自述呢？對此錢謙益雖然有疑，卻未能給出解釋。

我懷疑可能是永樂初年重修的《明太祖實錄》，為了拉開太祖與「紅軍帥」郭子興的距離，苦心孤詣地做了文字改動。

「紅軍」二字，在明朝建國後，已為盜賊的代名詞。雖然朱元璋並不否認在紅軍裡混過幾年，但他對紅巾軍的立場，已轉變為當政者對叛逆者的嚴責姿態。不過出於對郭子興的個人感情，他對昔日恩主的陰魂，仍是獎慰有加，又是追封，又是建廟，有時憶起往事，還忍不住落幾滴眼淚。他行事的矛盾，令後世修史者頗感為難。

朱元璋在《滁陽王廟碑》裡說了一些令後人不快的話，如「非王（郭子興），無以開萬世之業」，如「追思更生之恩，實帝業所始」，如「今大統既定，四海一家，推本尋源，實由於王」。這本是朱元璋對舊主的感念之詞，實錄在引用時一概給摻了水，加以稀釋，如廟碑稱郭子興為「再生父母」，實錄輒易為「郭公於我恩厚」，就連郭子興「親馳活之」，也要改為「遣人追至」。

其實，不管是親馳，還是遣人，這段記載都有未解的疑問：朱元璋就是濠州鐘離鄉人，是本地的土著，並無外鄉口音，門軍因何疑他是諜者，竟要殺他？亂世的一個窮小子，要殺輒殺，是誰跑去向郭子興求救？郭子興又為何肯耐煩下顧，親自來救一個敵探嫌犯的小命？

前文說朱元璋在廟裡時，有「故人自亂雄中以書來招」，我懷疑這位「亂雄」便是郭子興，也就是說，朱元璋在郭部有好朋友，他是應這位朋友之召去濠州的。而與他一同來的，應當還有一些夥伴，大家約好了，一齊來投郭元帥。

當時元軍仍威脅著濠州，局勢緊張，朱元璋一夥人進城時，可能因為興奮，口無遮攔，胡亂打聽，結果被誤作敵人的密探。幸有夥伴逃得快，找到郭子興，講明緣由。當時小小的濠城之內，擠著郭子興、孫德崖及俞某、魯某、潘某等五支人馬，各稱元帥，互不相下。而郭子興性格孤僻清高，與其他四帥不合，受到他們的傾軋，被奪了事權，在家閒坐。逮捕朱元璋的，應該不是郭部人馬，他們本不待見郭子興，一聽朱元璋急搬出郭元帥的名頭，反而欲速其死，要拿他祭刀，殺雞給猴看了。

失意中的郭子興，一聽來投自己的人被抓，他是個火爆脾氣，當即挾著盛怒，親自騎馬去救。由於這幾個年輕人是好友介紹來的，郭子興對他們格外關照，尤其是朱元璋，還是他親手救下，從此便把他留在身邊。

其實二十四歲之前朱元璋的故事很簡單，他生於貧賤之家，窘困於少年，潦倒於青年，游方、做和尚、從軍，凡事不利，在那個亂世，處處危機四伏，隨時有丟掉性命的危險。而他的出身沒有任何奇異，他的身邊也沒有任何神靈的護佑，他的奮鬥既不是為了救民於水火，也不是為了打天下做皇上，他的全部目標，不過是為了生存，他如雷的呼聲只是六個字：

我只想活下來！

第五章　親兵成了恩主的養婿

朱元璋頗受郭子興重視，不久被提拔為「九夫之長」。九在中國語言裡常作虛數，「九夫長」應該不是官職，大約就是郭子興衛隊小隊長之類的職務吧！朱元璋貼身護衛元帥，有了近水樓臺的便利，「久之，甚見親愛」，元帥還經常召他商議一些密事。

郭子興賞識朱元璋，見他二十五歲了，還是孑然一身，經與夫人商量，決定把養女馬氏嫁給他——這便是著名的馬皇后，她是朱元璋第一個女人，也是他終身唯一的正妻，死後謚作「孝慈高皇后」，亦省稱為「高后」。

馬后生於元文宗至順壬申年，即西元一三三二年。與朱元璋結婚時，已經二十出頭了，按照那個時代女子出嫁的年齡標準，已經達到剩女之中「鬥戰剩佛」的級別。

官史吹噓，馬氏是北宋太保馬默之後，居於宿州閔子鄉新豐里，「世豪里中」。家道到馬后之父馬公這一輩才中落，清人毛奇齡《勝朝彤史拾遺記》的解釋是「（馬公）善施而貧」。但我不太相信，做好事能把祖產敗光？這位「慈善家」做得有點過火！我懷疑馬家壓根兒就沒「以貲豪里中」過，頂多趁幾個餘錢，卻因馬公好交朋友，吃吃喝喝，來來往往，不多的家產很快從指縫溜走了。

馬后生母姓鄭，在生馬后時難產死了，馬公殺了人，逃到定遠避仇。他與郭子興是刎頸之交，大概帶個女孩亡命天涯比較麻煩，便將馬后託付給老友，自己孤身潛去，從此再無音息。馬后便由郭子興夫婦收養。

馬公怎麼死的，史書並無交代，也未知其葬身於哪條溝洫（編注：田間水道）之中。朱元璋曾派人多方尋找，皆無下落，只好給老丈人建了個衣冠塚，並追封其為徐王。

其實亂世之中，人如浮萍，馬公的遭遇並不奇怪，而作為開國皇后之父，只存徐王的空封，連大名都沒留下，這說明馬公在托孤時，馬后的年紀非常小，否則不應該記不得父親的名字。

有一種說法稱，馬公在郭子興占據濠州後，計劃回宿州起兵回應，從此下落不明，應非事實。

元末天下大亂，溝溝坎坎，到處都是自立的武裝，不管是反元的，還是支持元廷的，都以主帥為中心，以其親族為核心，搭起權力的架構。郭子興有二位夫人，生有三個兒子和若干女兒，長子郭大舍死於起兵之初，次子郭天敘、郭天爵，還有郭子興的內弟張天祐，是郭氏集團的核心人物。朱元璋自娶了郭子興的養女，就由親兵部曲，變身為元帥贅婿，從此進入郭氏的核心權力圈。

且說郭子興與濠州城內其他幾位元帥，議事每多不合，他性子亢直，常常一言不合，即甩手而去，自個關在府裡生悶氣，不再出去。次數多了，孫德崖等人就凡事專決，不再找他商議了。

「主公還是應多出去管事。」朱元璋勸他道。

邊緣化的處境也讓郭子興覺得不安，只好老起臉，悻悻然地到帥府理事。但沒幾天，又吵一架，仍是不歡而散，郭子興賭氣，又窩起不出了。

濠州五帥之間，互相猜防，矛盾很深，力量又弱，哪是一個出真龍的所在？

這年九月，元兵收復中原重地徐州，該地紅軍首領彭早住、趙均用丟了地盤，率潰眾奔入濠州。這二人本是窮蹙來投，結果反客為主，壓在孫、郭等人之上。

這下好了，小小的濠州城裡，擠著那麼多支雜牌隊伍，不亂能行嗎？

外來的兩個「和尚」中，彭早住頗有智術，趙均用為人粗疏無主見，凡事唯諾。郭子興自以為與彭早住志氣相投，便只對他客氣，而輕視趙均用，引起後者的不滿。孫德崖早想除掉郭子興，遂趁機與趙均用聯手，趁郭子興外出時，突然發難，一鼓將其擒獲，戴上枷鎖，禁在家裡，準備殺掉他。

此時朱元璋人在淮北，聽說濠州發生內亂，急忙趕回來。他來到郭府，見府中早已亂成一鍋粥，卻只見女眷，男人們都不知跑哪兒去了。朱元璋知道郭氏兄弟躲起來了，問他們的去處，但沒人肯告訴他。

「我難道是外人嗎？如何這般防我！」朱元璋大為不快，解釋道，「我回來是脫主公之難的！」

朱元璋可能沒把自己當外人，但郭家人真沒把他這位養婿當做可以倚信的親人。然而抵禦家難本是男人的事，男人們卻躲起來了，女人們也沒辦法，只得以實相告。

朱元璋找到天敘和天爵兄弟，對他們說：「主公向來厚待彭元帥，而薄於趙元帥。此事一定由趙元帥所發，此難非彭元帥不可解。」

這就是英雄眼光獨特之處，別人看不明白，他一下就找到了癥結所在。

三人遂與郭子興的次夫人張氏一起去找彭元帥哭訴。

彭早住果然不知，大怒道：「有我在此，誰敢害郭公！」立刻發兵包圍了孫家。朱元璋披甲持刀，與眾兵一起攻入，將郭子興從地牢裡解救出來。

如果沒有朱元璋，郭子興差點被害，朱元璋在危機時刻，表現出忠誠與機智，鞏固了主公對他的信任。

但此事也使一種尷尬的情勢凸顯出來：郭氏子弟皆是庸碌之輩，不堪重寄，而才幹最為卓越的，卻是養女之婿。莫說這女婿只是「掛個名」，他就算娶的是郭子興親生女兒，也不應危及天敘、天爵兄弟的權利。

平庸之輩往往有著強烈的妒忌心理，郭氏兄弟的本事一下被朱元璋比下去，不由得羞怒交加，他們又沒能力牢籠、駕馭朱元璋，只好靠加倍的忌恨來鞏固自信。

郭子興的心態則要複雜許多，他希望自己創下的這份家業由兒子們繼承，義婿朱元璋能成為他們的好幫手，他絕不願意看到朱元璋凌駕於其子之上。他一方面要維護朱元璋這個難得的將才，盡量安撫他，使之為己效力，將來為其子所用；另一方面，他又不可避免地傾向、縱容兒子，打擊、壓制朱元璋。這就使救主有功的朱元璋，因為功高震主，反而處於危險的境地。

在這樣的危局中，方顯出馬后為朱氏之良配的價值。

馬后「聰明出人意表」，她利用郭家養女的身分，努力調劑夫君與郭家父子兄弟的關係，多次使朱元璋化險為夷。講個有名的故事：某次朱元璋遭郭氏囚禁，斷絕飲食，幾乎餓斃。幸虧馬皇后懷揣熱餅，偷偷送去給他，才使他免於死亡，馬后卻被熱餅燙傷了胸口。

然而這個故事，對不起，我同樣深表懷疑：為什麼馬后一定要把那麼燙的餅揣在懷裡？古人的衣衫並不薄，何以一定要貼身藏餅，以致把胸口燙傷了？郭氏既然要置朱元璋於死地，鐵定嚴密防護，豈容其妻送餅？如果一張餅就能救命，那麼朱元璋被關押的時間一定不長；如果長期關押（餓死人，至少也要十天吧？），馬后豈可一次又一次地懷餅以進？

最可疑之處還是，如此隱祕之事，如何被史家探知，又說「懷以進，肉為焦」，又說「其后肉有腐痕」，就像寫鑑證實錄。但你怎麼知道的？須知，給馬后驗傷，是她老公的專利，你修史人難道撩人家內衣看過？——有時候，「修史人」故意編造情節，真是「羞死人」也！

我因此懷疑，馬后「竊炊餅」，只是一個夫妻共患難的恩愛故事，情節有誇大的成分。但它並不是完全空穴來風，《明太祖實錄》在追述馬皇后的種種美德時，有這樣一個記載：

「值歲大歉，（馬）后從上（朱元璋）在軍，嘗自忍饑，懷糗餌脯脩供上。」

說因為軍中乏食，馬后自己捨不得吃，把好吃的藏在懷中，偷偷送給老公吃。她大概利用郭家乾女兒的身分，從物資保障較好的郭府偷拿的吧！脯脩是乾肉，糗餌指米麥做成的食物，可以包括蒸餅，而一般泛指乾糧。

朱元璋入軍的第二年，濠州即遭元軍重兵圍困，元兵主帥是元廷重臣中書省左丞賈魯和大將月哥察兒。這次圍城時間非常長，直到次年賈魯在軍病死，元軍才解圍而去。後來朱元璋鎮守和州，元軍復舉大兵十萬來攻，困城三月，餉道俱絕，城中飲食皆盡。戎馬倥偬中，像這樣艱於食的情形經常發生。朱元璋後來回憶說：他與馬氏起於布衣，同甘共苦，當年在軍缺少飲食，馬后寧可自忍饑餓，也要「懷糗餌食朕」。

他特地提到一個典故：東漢光武帝劉秀時，馮異曾送他豆粥麥飯吃，劉秀即位後，念念不忘，對馮異表示，一飯之恩，君臣當始終保全。朱元璋說自己所經歷的，比馮異供光武帝粥飯時的情景，「其困尤甚」。他與馬后的夫妻之情，也該「始終保全」。所以馬皇后在洪武十五年（一三八二年）去世後，他沒有再續弦。

當荒歉之年，馬后養於主帥之家，比當兵的吃得要好，她自己省下些心疼老公，本屬人之常情，然而實錄連用兩個「懷」字，不想引發聯想，後世文人竟衍出一個燙乳的情節，就未免聯想過甚，幾近難堪了。

第六章　叨坐末座的上將

在明朝官史的刻劃裡，太祖皇帝寄於郭氏籬下的這幾年，表現出卓越的才幹，立下汗馬功勞，但始終擺脫不了被人猜忌、排擠、打壓，甚至是毒害的境遇。然而這位英雄能屈能伸，屢屢得到神靈啟示和貴人相助，每到險處，自化為夷，終於踏出一片廣闊的天地。

是誰在加害太祖？實錄沒有明言，後來就坐實在郭氏兩位公子身上。嘉靖年間鄭曉著《吾學編》，就記了一件沒有得逞的謀殺事件。

說天敘與天爵兄弟，「忌上（朱元璋）英武得眾心，兵勢日盛」，妒心難耐，遂備下藥酒，計劃毒斃之，好絕後患。但不知怎地，被家人洩了密。朱元璋已經得到線報，果然郭家兄弟邀他赴宴。朱元璋做出高興無備的樣子，與二郭並馬而去。

走到半路，他突然做出一個詭異的動作：從鞍上急躍起，跪在馬上（這是一個高難度動作，難道老朱學過雜耍？），頭仰朝天，好像在聽什麼人說話。

郭氏兄弟不解，面面相覷，再看他時，已伏在馬上，頓首連連，然後旋過馬頭，衝二郭痛罵道：「豎奴！乃欲毒我耶？」二郭慌忙道：「哪有？」欲待辯解，朱元璋道：「適才空中有神人對我說，你二人欲以毒酒害我。」

可嘆郭子興的兩個笨兒子，真以為天神洩其密謀，「駭汗洽背，下馬伏地」，口裡只管說：「安敢有是！安敢有是！」朱元璋回馬便走，從此再不上郭府，而他與郭氏之間，嫌隙是越來越深了。

這個故事被收入《明史紀事本末》，置於郭軍攻克滁州之後，儼然為信史。

看官，您若問：寫書的，你怎麼看？我只能說：我不知您信不信，反正我不信。朱元璋的這點猴把戲竟把郭氏哥倆兒嚇出一身臭汗，下馬叩頭，「自此不敢萌害意」（《明史紀事本末》語）。我不敢說朱元璋手段有多高明，只能說，郭氏兩兄弟若是如此，真比豬還笨，比驢還蠢。當然啦，天敘、天爵兄弟被明朝的官史刻劃為一對嫉賢妒能的飯桶，朱元璋卻是靈異附體，毒也毒不死，餓也餓不斃，還經常和神靈通電話。

郭氏兄弟這兩位朱元璋的大舅子，他們在歷史上的境遇，很像唐初的李建成、李元吉兄弟，被人說成整天不幹正事，也幹不了正事，唯以噁心加害一貫英明偉大正確的真命天子。手法也差不多，李世民不是差一點被他親兄弟置酒毒死嗎？

總之，經過勝利者動手動腳，歷史資料大量消失，真相隱祕難知，今人讀史，唯應記住一點：所謂「正史」，多是勝利者的功勞簿，切不可輕信。

明朝開國史中關於太祖受屈挨憋的種種記載，表明了朱元璋借人家屋簷立足的真實處境；朱元璋一直沒有自己的部眾，他開始擁有自家的班底，是從占領滁州開始的。

濠州經元軍長期圍困後，兵力損失較大，元兵撤退後，朱元璋回鄉募兵，一下子得兵七百。郭子興很高興，就任命他為鎮撫，統領這七百名子弟兵。但朱元璋為了避嫌，把人馬交了出來，只留下徐達、吳良、費聚等二十四人。這些人後來皆從朱元璋南略定遠、滁州，成為他最早的嫡系班底，建國後多封公侯，有的還與朱元璋結成親家。

閒話少敘，且說濠州的形勢日見艱難，若繼續安頓在此地，不被人吞掉，也始終為人掣肘，朱元璋向郭子興建議，向外發展，另尋生存空間。恰好郭子興家鄉定遠縣張家堡有一支民兵，號稱驢牌寨，軍孤糧少，想找一個靠山。朱元璋便主動請纓，收編了這支武裝，得壯兵三千，其詳情頗為波折驚險，因與本書無關，恕不細述。

朱元璋即率此兵東進，在橫澗山夜襲另一支依附元朝的民軍，降其男婦七萬人，得精壯之兵二萬。隨又挾此實力，南略滁陽。這就像滾雪球，越滾越大。

朱元璋順利拿下滁陽。這塊新根據地來的非常及時，因為在這當口，朱元璋預料的大亂果然發生了。彭早住、趙均用二人稱王後，矛盾重重，終至決裂，在濠州城裡火拼起來，彭早住被害，從此趙均用專兵，郭子興益發孤立，已無法立足，遂率所部萬餘人來到滁州。

郭子興入城後，檢閱滁州之兵，見朱元璋數月間連捷，擁兵達三萬餘人，真是且喜且憂。他開始設法削弱朱元璋的軍權，將他身邊任事的將兵官逐一調開，分置各營，甚至連剛剛來投，在軍中「掌書記」（管理軍中文書）的一介文吏李善長，也要撥到自己麾下。這大違李善長本意，拖著不肯去，郭子興不便強迫，只好作罷。其實郭子興看重的是兵權，對李善長這樣的帷幄經畫之才，並不真的看重，這便是郭子興不如朱元璋之處，所以郭子興起兵數年，始終鬱鬱人下，為人所制，名號不顯，終身亦不過一元帥。

朱元璋攻城掠地，立下大功，卻未獲得重賞，只得到一個「總管」的虛銜，且郭氏父子對他猜嫌愈深——「自是四方征討總兵之權，皆不得與」。《明太祖實錄》寫道：「上（朱元璋）雖見疏遠而事（郭）子興愈恭，未嘗有怨言。」恐怕不是沒有怨言，而是有怨而不敢言。

在郭部占據滁州後一年的時間裡，因為張士誠在高郵建立「大周」國，當了出頭的椽子，成為元朝的主要打擊對象。元朝以丞相脫脫為主帥，率領大軍，號稱百萬，圍剿張士誠，一時淮之左右皆震。本來郭子興也打算在滁州扯旗稱王，朱元璋力陳其利害，說稱王等於頭上塗蜜，徒然引蜂來蜇，滁州是一座山城，舟楫不通，商賈不集，又無形勝可據，若元軍來攻，是很難堅守的。郭子興只好放棄了稱王的念頭，後來當元軍來攻時，主動與元軍講和。由於元軍的主攻方向是高郵的張士誠，滁州得以苟完。

元軍進攻高郵，幾乎畢中原之力，但主帥脫脫受了讒言，被元順帝就軍中奪職，大軍一夜崩潰，江北的形勢從此陷入糜爛。江淮諸侯，紛紛趁機發展，郭子興占領了長江北岸的和州，獲得第二塊地盤。

率軍攻掠和州的，本是張天祐、趙繼祖、耿再成、湯和等人。但兵派出去不久，消息傳來，說攻城失敗，郭子興忙命朱元璋率鎮撫徐達、參謀李善長等馳援。朱元璋到了和州，才知道前信不確，和州城已經攻下了。

郭子興得到戰報，大為高興，就命朱元璋「總守」和州。

奪取和州，朱元璋寸功未立，卻撿了個大便宜，身任總兵，位諸將之上。然而朱元璋深知，諸將多是郭子興的舊部曲，要嘛資歷與己比肩，要嘛年紀比他長，一旦遽居眾人之上，恐眾心不悅。他要是倚郭子興的將令，在廳上高坐，發號施令，而被諸將當場駁了面子，那就太難看了！

怎麼辦呢？朱元璋想來想去，靈機一動，心生一計，他讓人悄悄地把帥府大廳上的公座都撤了，改在廳的正中設一木榻，「俟天明聚會時以觀眾情」。

五鼓時，諸將皆入，朱元璋故意後至，他進來一瞧，諸將悉已就坐，只把「左末一席」留給他。那時坐席尚右（即以右為上，尊者坐於右），看來，諸將並沒把他「總和陽兵」的任命當回事，竟然把最末一個席位留給總兵大人。

朱元璋一看「眾情如此」，悻然不樂，也毫無辦法，只好忝居末座。官史寫他「即就坐，不為異」——要我說，他是故作鎮靜。

幸虧朱元璋早有準備，大家如此坐成一團，顯不出尊卑次第，避免了一場紛爭。就這樣，朱元璋開始辦公理事了。

實錄常說，朱元璋一人如何功高，而總是遭到郭氏父子及其同袍的猜忌排擠。上面這段記載本意在張大朱元璋的謀略，卻不小心透露了一個事實：朱某人固然才幹出眾，但郭軍數年血戰，絕非他一人之功；諸將公會，他故意晚到，諸將各自擇座而坐，只留一個末席給他，這應當是朱元璋在當時郭軍中的真實地位，諸將或矜戰伐之功，或擅資格之老，並不把郭元帥的贅婿瞧在眼中。許多人還因為他倚仗乾老丈人的扶持，撈到不少便宜，非常鄙視他呢！

歷史是勝利者書寫的，此時在和州城廳事上高坐快談的郭部舊將們，將來或在與元軍的奮戰中戰歿，或被朱元璋人身消滅，盡化作了泥與土，只有那個手握郭子興的任命書，卻不敢上坐的小子，才是最後的勝利者，於是他將別人的戰功一概抹除，一切功勳，盡歸於己。

和州諸將中，並非所有將領都不服朱元璋，至少湯和就對他表示恭順。明初大儒方孝孺在湯和歿後，為他撰寫神道碑，提及和州之事，說太祖自取和州，諸將多是郭子興的「貴部曲」，「顧望未盡效臣禮」，對太祖無禮，唯湯和「聽命甚謹，帝心嘉焉」。

方孝孺此文筆法是過去文人行筆的通病，朱元璋守和州時，不過一將，資望尚不及郭子興舊部，大家不服氣他，如何就是不「效臣禮」呢？

湯和比朱元璋年長三歲，他在郭子興起兵之初即率眾來歸，累升管軍總管，資格比朱元璋老，而官位與之等。湯和此人長於韜晦，深於城府，他眼見朱元璋力量不斷增強，而軍中矛盾日益加劇，開始刻意敷衍與諸派的關係，並不像那些粗豪的將領，公然對朱元璋表示不敬。當郭子興死後，形勢大變，他立即堅定地站到朱元璋一邊，由郭子興舊部轉變為朱元璋的主要追隨者。

第七章　郭大帥豈是江東周郎

朱元璋由郭子興的親兵九夫長，再升鎮撫，升總管，二、三年間，已擢至「總守」一城（郭部僅有兩城），其地位遷進之速，令人炫目。

朱元璋的成功並非僅靠神佑（在實錄裡，史官塞進了許多神靈指引、相助和庇佑的故事）和他個人的才幹，而與他和郭子興的翁婿關係無關。

朱元璋自與馬氏結婚，居於郭元帥「甥館」，便是今天所謂的「官二代」，再也不是托缽行乞的小行僧了。馬氏又善逢迎，把郭氏夫婦服侍得舒舒服服，這對朱元璋軍中地位的快速上升，發揮了至關重要的作用。在一支主要依靠親族血緣維繫的私人武裝裡，沒有這層關係，要想獲得實權，幾乎是不可能的。實錄反覆叨叨他們的太祖皇帝遭人「羨慕嫉妒恨」，實際上是在掩蓋這一層裙帶關係，以證明朱元璋的發達，完全出乎天命和他個人的「神武明聖之資」，等於在說：能力之外的資本都等於零。

到至正十五年（一三五五年）春天「總守」和州時，朱元璋已成為郭部最為重要的將領之一，控制了郭部一半以上的實力。但從和州諸將不服其管束來看，朱元璋在軍中的地位仍不穩固。郭子興才是郭家軍的真正主宰，朱元璋的地位完全要靠這位主公兼丈人來維繫。

朱元璋在和州屁股還沒坐熱，一個意想不到的客人來了，此人正是濠州舊帥孫德崖。孫部因為乏糧，到和州一帶來就食，他向朱元璋提出，入城借住數月。朱元璋應知，若放孫軍進城，昔日濠州二王、五帥共居一城的覆車之鑒又將重演，搞不好孫德崖再來個鳩占鵲巢，和州也將不保。他本該嚴拒才是，不料他卻答應了！

朱元璋有什麼理由同意其主公的宿敵入城？可千萬不要說，這是農民領袖發揚大無私的革命精神！實錄對此的解釋是：「（朱元璋）欲不許，彼重我寡，力不能拒」，是「不得已許之」的。

這個理由似難成立。要說孫部兵力強盛，朱元璋擔心無力抗拒，但就在不久前，元朝集兵十萬來攻，朱元璋以萬人拒守，三月間連出奇兵，連敗元兵，迫使其在夏天解圍而去。

和州城不摧於十萬元軍，又何懼於一游寇孫德崖？況且孫部缺吃少穿，到處乞食，能有什麼戰鬥力！

況且孫德崖與主公有不共戴天之仇，他難道毫不在乎？竟然不經郭子興允許，就讓孫部進了城。

在正史實錄裡，郭子興被描寫成一個眼光狹窄、記仇、行事急躁、不顧大局的人。他好容易才擺脫了濠州城擱淺沼澤的困局，占了兩塊獨立的地盤，事業大有起色，我之禁臠，豈容仇敵染指？

朱元璋此舉為何，郭子興一定很想知道答案。

果然，郭子興怒氣衝衝來了！

官史說，朱元璋獨領一城，嫉他的人簡直要瘋了，不停地進讒，郭子興不由聽信了，盛怒之下，親自來和州問罪。我卻認為，郭子興從滁州急急趕來，絕不會是因為普通的讒言，恐怕是朱元璋收納孫部的行為，令他心生疑懼，擔心朱元璋欲拿和州城作禮，改換門庭，投靠孫德崖。

朱元璋獲悉主公要來「督過」的消息，忙吩咐部下，主公日間不來，晚間必到，主公來後，當急速來報，我好親自出迎。

實錄在此不惜筆墨，記錄了一個太祖再遭人陷害的細節：郭子興夜間馳抵和州，恰好守門將領與朱元璋有隙，故意先將郭子興迎入，在館舍安置好，才去告訴朱元璋——他可能是要藉朱元璋的怠慢，激郭元帥之怒吧！

朱元璋聽說元帥已經進城，急忙到館舍來見。但郭子興怒目視之而不言，久之，方冷冷地問：「汝為誰？」

岳丈豈會不認得女婿，郭子興這麼問，是讓他捫心自省：你如何才有今日的？休要忘了姓啥名誰、天高地厚！

朱元璋忙「稱名以對」，大概是答「小婿重八」吧。

「汝罪何逃！」郭子興責問道。

「誠有罪，」朱元璋先告了罪，然後道，「家事緩急皆可理，外事當速謀。」

「何謂外事？」郭子興含怒道。

以上對話引自實錄，它顯示出，朱元璋是一位語言大師兼職業水準的心理學家。郭子興怒衝衝來問罪，他並不自辯，先告罪討饒，以消滅元帥的火氣；郭子興問「你是哪位？」他裝傻充愣，老實回答：「俺小朱啊！」一整個裝萌。郭子興本怪他專恣，不料一腳踢在棉花包上，衝擊力先折了一半。

朱元璋故意不請教「岳丈因何而來」，而是直接說：「岳父大人所責小婿的，不過是家事，自家之事，緩點急點，都不打緊，慢慢再議不遲。」他明知郭子興此來，必為收容孫德崖之事，光套翁婿的近乎，是無法脫罪自明的。於是先發制人，試圖讓郭子興順著他設定的路來思考，所以故作緊張地拋出一件「外事」，果然成功地轉移了郭子興的注意力。

「孫德崖在此。」朱元璋道，眼睛瞪大，閃著曖昧的光。「過去主公為孫某所困，是小婿破其家將主公救出，今日主公與之相見，他難道會忘了舊仇？這真令人擔憂啊！」

聽他的話，倒好似孫、郭二人之來，皆出他意料之外，而他馬上想起舊事，立刻為主公的安危擔心起來。他不忘借機表白一下，當年郭為孫所困時，是他賣力搭救，一則令主公念舊日之恩，一則暗示，他與孫德崖有隙，是不可能站在他那一邊的。

瞧，簡單的幾句話，資訊量非常豐富，話該怎麼遞，何處塞包袱，哪裡埋地雷，他巧妙地駕馭著——誰敢說老朱心思不巧？他還善於打遊擊，故意拿郭、孫二人的「宿憾」說事，是以進為退、避實就虛、先入為主之計，以此先懾住郭子興，好模糊掉他此行問罪的焦點。

這一手果然奏效，實錄載：「郭子興驚，遂默然無語。」

孫德崖當晚也得到郭子興進城的消息，次日五鼓時分，他派人來對朱元璋說：「令岳既然來了，我只好告辭。」

朱元璋「大驚，疑必有變」，一面急報郭子興備之，一面去見孫德崖，故意問：「您為何這麼快就走？」

「你老丈人難以相處，所以要走。」孫德崖道。

朱元璋察其辭色無異，就說：「今兩軍共處城中，若一軍突然開拔，怕下人無知，鬧出事來。不如請貴部大隊先行，孫公留後，也好有個鎮壓。」

孫德崖答應了，孫部即起營，一撥一撥地往城外開。卻不想在此時，出了大岔子。

《明太祖實錄》在講此事時說，孫部開拔後，有為孫軍將領餞行者，邀朱元璋一起去，於是朱元璋裹在孫軍裡，出城二十里。此應為曲筆，並不可信。朱元璋此時異常擔心郭、孫二部火拼，豈肯親身犯險，去吃什麼餞行酒？我懷疑是朱元璋與孫德崖談妥條件，朱入孫軍為質，孫才答應留後壓制。不然，孫德崖對郭子興固然蓄有宿憾，他何嘗不懼郭子興對他存有更深的仇怨？若非郭子興的令婿向他做了人身安全的保證，並親入孫軍做人質，他絕不會答應留在城裡。

然而，孫軍前部剛開出城，城裡郭、孫兩軍就打上了，可能是郭子興趁孫軍主力出城之機，突然對孫德崖下手。

這幾乎要了朱元璋的命。朱元璋倒靈光，他一聽城裡打起來，策馬就逃，企圖脫離孫軍。但馬兒還未奮蹄，馬上的主人早已被一把扯下馬來，像粽子一樣捆起。只因孫德崖還在城中，生死不明，孫部也不敢加害。孫德崖的弟弟命人用鐵鍊將朱元璋鎖頸，派人到城中打探，知道孫德崖已被郭子興活捉。

過去郭子興在孫府作囚徒時，披上大枷，關在地牢，吃了不少苦頭，如今郭子興加倍還他，煉了一根更粗的大鐵鍊，將他牢牢鎖起。前仇馬上要報，郭子興大為高興，他在處死「孫朋友」前，請他喝絕命酒，並親自作陪。

虧得郭子興學貓，在咬死老鼠前先耍牠一把，沒有立即殺掉孫德崖，否則朱元璋項上人頭也將不保。

這樣，兩軍各有一名重要人質，可以談判了。

如果郭子興真如朱家的御用史官所寫的那樣記仇、心胸狹窄，對朱某人充滿猜忌，那麼朱元璋就太幸運了，因為郭子興沒有藉這個機會，將宿敵孫德崖與尾大不掉的養婿一併除掉——他只需殺掉孫德崖，朱元璋馬上人頭落地，一箭雙鵰，乾淨利落。

而事實是，當郭子興聽說朱元璋被抓後，非常著急，立刻派徐達去孫軍談判，要求交換人質。孫軍將朱元璋釋放，而留徐達等為質，郭子興隨即開釋孫德崖，孫德崖回去後，將徐達放歸。

這一次是朱元璋一生遇到的最大風險，他被孫軍拘留了三天，幾乎有性命之虞。郭子興好不容易才抓住死敵孫德崖，卻為了救女婿一命，被迫將嘴裡的骨頭吐出來。然而，朱家人一點都不領情，《明太祖實錄》竟然這麼寫：郭子興因不能報憾，殺死孫德崖，「心常怏怏，憂悶致疾，久不起，遂卒」，說郭大帥是生悶氣，活活把自己氣死的——簡直是江東周郎第二！

唉！「正史」如此誣人，亦枉稱為「正」！

第八章　悖恩的保護人

朱元璋是郭子興之死的最大受益者。

郭子興在時，其武裝是郭家軍，朱元璋為郭家之部將。作為在元末馳騁一時的豪傑，郭子興絕不會像明代官史所描繪的那樣，是一個庸懦之輩。郭子興活著時，是郭氏集團唯一的核心，牢牢地控制著這支武裝。可惜天不假年，才五十出頭，便駕鶴西去了（他正當壯年，可能是突發重病死的）。如果他再多活一些年頭，歷史肯定會改寫，至少將來新的王朝，不大可能姓朱了。

郭子興在乙未年（一三五五年）三月突然病故，失去了頭領的郭家軍頓時分崩離析。雖然郭子興有二個兒子繼承父業，另外郭夫人的弟弟張天祐，也參握兵權，但他們缺乏威望，難以控制軍中宿將，擁有較多兵力的朱元璋，第一個就不會聽命於這兩位素不相合的大舅子。

在內部分裂之勢已形的同時，郭部還面臨來自外部的威脅。孫德崖聽說郭子興去世，馬上派人來下書，擺出老前輩的身分，曉以利害，令郭部「聽候約束」，他其實是打算藉機吞併這支隊伍。郭天敘接書後，非常憂慮，如果不答應，說不定孫德崖會來硬的，對郭部實施武裝繳械。

就在這時，北方局勢突然發生重大變故，最早在河南汝、潁一帶起兵反元的紅軍舊部，在沉寂數年之後，實力重新壯大，杜遵道、劉福通等人從碭山夾河迎來已故首領韓山童之子韓林兒，在亳州稱帝，號小明王，建號為宋，改元龍鳳。他們派人來和州聯絡，也希望收編郭子興這支隊伍。

在這個群雄混戰，崇尚叢林法則的亂世，一個僅僅保有兩城（滁州、和州），兵力不過數萬，又剛剛失去主帥的地方武裝，就是案板上的魚肉，人人覬覦，萬難自存。

經反覆權衡，郭氏認為，如果他們是一塊肉，一定要掉進某個強者的嘴裡，那也絕不會是死敵孫德崖；而依附於兵鋒正銳的龍鳳政權，對於他們在夾縫中生存，倒是一個不錯的選擇。於是張天祐親往亳州，接受招撫。很快，他帶回「朝廷」的委任狀，命郭天敘為都元帥，為全軍主帥，張天祐右副元帥，朱元璋左副元帥。元制，右比左貴，故右帥地位要高於左帥。朱元璋任左副元帥，在軍中是第三把手，地位僅次於郭天敘和張天祐。

對於這樣的人事安排，《明太祖實錄》的記載異常矯情，稱朱元璋聞命後，說了句大話：「大丈夫寧能受制於人嗎？」決定不接受任命。

這純屬一派謊言。

朱元璋一直到至正二十六年（一三六六年）冬溺死韓林兒前，始終接受龍鳳政權的官爵，並以龍鳳紀年。只是後來做了皇帝，以紅巾軍為「紅妖」，才不肯承認這段「受制於人」的歷史。

雖然朱元璋並不甘心居於郭、張之下，但迫於時勢，一時也無可奈何，只好接受三帥「共府置事」的局面。然而，這樣的「軍事民主機制」，正是郭氏餘眾致命的弱點。在群雄逐鹿、互相攻伐的亂世，一支缺乏軍事強人統領的隊伍，未來是不容樂觀的。

這年五月間，和州等地遭遇嚴重的糧荒。江淮一帶，經過多年的兵燹，已是赤野千里、餓殍滿路，這支小隊伍無處籌糧，難以繼續在江北生存，遂決計渡江，向相對安定的江南發展。

但巧在此時，巢湖水寨因為被元軍和周邊民寨所蹙，混不下去了，派俞通海來和州乞兵。這真是天賜良機，朱元璋與徐達等親信商議後，親自到巢湖與其首領李普勝等會面，招降了這支水軍。六月初，全軍順利渡江，一舉攻占江南牛渚、採石等磯，隨即乘勝攻破太平路。[4]

占領太平路後，郭部進行了政權建設：改太平路為太平府，以李習知府事；置太平興國翼元帥府，朱元璋兼任大元帥，其親信李善長任帥府都事，潘庭堅為帥府教授，汪廣洋為帥府令史，以太平府耆儒陶安參幕府事。

我們不知道都元帥郭天敘和「第一副元帥」張天祐在新政權建設中發揮了什麼樣的作用，但從朱元璋兼領新設的翼元帥府，及其相關人事安排來看，這次改制是在朱元璋的主導下進行的。

渡江後，郭部構成已相當複雜，除了郭氏兄弟統領的郭子興嫡系與朱元璋所部，還包

4 路是元代行省下的一級政區，明代廢路設府。太平路的治所在今中國安徽當塗。

括在渡江前後收編降附的巢湖水師及民兵元帥陳埜先部萬餘人。這樣一支臨時拼湊在一起，各懷心思的隊伍，已不能再稱「郭家軍」了。太平府城內，還不知如何鬧哄呢！

郭天敘失去了號令全軍的力量，感覺難以與朱元璋共事，遂分兵轉戰江南，占領溧陽、句容等地。然而九月間，郭天敘與張天祐在進攻元集慶路（即南京）的戰役中，不幸雙雙戰死。

二位元帥之死，主要是因為民兵元帥陳埜先暗中通元，臨陣叛變所致。

郭、張之死，雖由陳埜先之變直接造成，但間接上很可能死於朱元璋的陰謀。種種跡象表明，朱元璋早在七月第一次進攻集慶路時，已察知陳埜先懷有逆心。陳埜先是協同元軍進攻太平，失敗被擒，被迫降順的。他與朱元璋歃血為盟，表示追隨，從而重新握兵，參加了郭部對集慶路的進攻。但他很快恢復了與元軍的聯絡，設下圈套，誘朱軍來攻。

但朱元璋並不信任陳埜先，他接到陳埜先促他進兵的來信後，故意遲緩不前，卻讓毫不知情的郭、張二人繼續進攻集慶，結果跳進陷阱裡。九月，元帥郭天敘、張天祐，總管趙繼祖率軍從東南方向進攻集慶路東門，陳埜先部從其駐地板橋進攻南門，從寅時（凌晨三點到五點間）直戰至午時，交戰正酣時，陳埜先邀郭天敘過營飲酒，出其不意，將其殺死，又擒獲張天祐，獻給元軍。陳埜先隨即會同元兵，內外夾攻，郭軍大潰。

朱元璋借刀殺人之計成功，郭家二帥盡沒，尤其是除掉了名分在其上的大舅子郭天敘，使他在郭部中的地位爬到了頂點。

值得一提的是，陳埜先在追擊郭氏潰軍時，過於奮勇，被亂軍「溷殺」。說句公道話，從元朝的立場來看，陳埜先是文天祥似的忠臣烈士，朱元璋才是亂臣賊子。陳埜先死後，餘部三萬餘人在次年三月朱元璋規取集慶時，全部被其招降。

陳埜先臨陣倒戈後，巢湖水師也不穩了，其領袖李普勝、趙普勝藉口慶賀渡江之捷，擺下鴻門宴，企圖殺死朱元璋，將朱部吞掉。幸運的是——對於亂世豪雄，幸運太重要了！朱元璋成功的關鍵，在於他大多數對手和競爭者都不如他幸運——朱元璋得到密告，並未赴宴。他卻佯作不知，將計就計，數日後設宴回請，反而就席中拿下李普勝，將其處死。趙普勝知事情敗露，投奔長江上游的徐壽輝去了。巢湖水軍其他將領，如廖永忠、俞通海等人，都一心歸順了朱元璋。

此時的朱元璋，很有點見神殺神，見鬼殺鬼的陣勢。

至正十八年（一三五八年）七月，郭子興僅存的幼子，時任江南行省右丞的郭天爵，被朱元璋以謀叛的罪名在建康（南京）誅殺。

此事官史無載，見於當時以「騎士」身分從軍的俞本所著《紀事錄》（又名《明興野記》）。

《滁陽王廟碑》也提到此事，稱「（天爵）與群小陰謀伏罪」。「陰謀」，就是郭天爵被誅的罪名。

右丞之職是天爵之兄天敘戰死後，由韓林兒任命的，朱元璋同時被任命為平章政事。元制，平章從一品，右丞正二品，龍鳳政權的任命，確認了二人是以建康為根據地的那支武裝的頭領。這塊地盤在名義上是龍鳳政權的「江南行省」（「江南等處行中書省」的簡稱）。

其實在占領建康後，朱元璋已併郭氏之眾而有之，成為郭氏集團事實上的首領。郭天爵不過寄一空名而已。龍鳳政權的任命，實際上是對郭氏舊主在名分上的一種照顧。

現在的郭氏集團，其部眾包括三類：一是以徐達、常遇春等同鄉親信為核心的朱氏嫡系，一是郭氏餘眾，一是巢湖水軍。郭氏餘部又分兩種情況，一是以湯和、鄧愈、郭興（他的妹妹嫁給了朱元璋，即後來的郭寧妃）等人為代表，原為郭子興部將，後來見機轉舵，投順了朱元璋；一是以邵榮、趙繼祖等人為代表，他們地位較高，資格亦老，並掌握一定的兵權。

殘存的郭氏舊部，對於朱元璋來說，仍是一股異己的力量，他們不僅未與朱元璋重新調整關係，還對這位昔日同僚強化權力、排斥異己的做法頗有怨言，成為大權獨握的朱元璋必欲除之而後快的對象。

朱元璋首先除掉了擁有舊主之子名分的郭天爵，等於去除了郭氏餘眾重新聚合在一起反抗自己的一個條件。《明史．郭子興傳》說：「天爵失職怨望，久之，謀不利於太祖，誅死。」鬱鬱居於建康的郭天爵，未必有能力「謀不利」於朱，而以心懷不滿（「怨望」）加罪於人，差不多等於誅心之法了。朱元璋不放過他，正所謂斬草除根，勿使滋蔓。

在殘酷的戰爭歲月裡，郭部許多將領先後戰死，倖存者如邵榮、趙繼祖等人也在至正二十二年（一三六二年）被朱元璋以謀反的罪名處死，其姓名功績與其遺骨一起，湮沒於歷史的荒野之中。

郭天爵一死，郭子興便絕了後（又傳子興還有一位側室李夫人，生第四子郭老舍，洪武初回定遠老家務農，其子孫在鄉被稱為「郭皇親」），郭氏集團亦告覆滅。朱元璋則以郭子興的親信、部將和愛婿的身分，成為郭氏眷屬的保護人。

其實早在郭氏兄弟敗亡前，朱元璋與這哥倆已成為真郎舅。

原來郭子興有兩位張姓夫人，其側室小張夫人，育有一女，是郭子興最小的女兒。當初郭子興與妻子商議，要為朱元璋擇配，是小張夫人說：「方今天下大亂，正當收攬豪傑，一起成就功業。我觀此人舉止異常，我不收之，一旦為他人所親，誰與我共成事業？」提醒了郭子興，才決定將好友馬公之女許給朱元璋，使之成為自己的養婿，有了這樣一層關係，朱元璋自然不會跳槽了。而反過來，朱元璋也由此成為主公之婿，上升之階亦順暢了。

錢謙益在《明太祖實錄辨證》中指出，「滁陽王（郭子興）夫人生三子，皆與高帝不協，而次夫人獨能知高帝」。小張夫人智識過人，當郭子興在濠州被孫德崖逮捕，性命危急時，是她率郭氏兄弟從朱元璋奔告彭早住，使其夫得救；當朱元璋為讒言所攻時，亦是她一力周旋。郭子興死後，小張夫人知道自己母女的地位已無保障，默察形勢，深知唯有蔭蔽於今非昔比的贅婿，方為上策，於是決定把親生女兒郭氏嫁給朱元璋，即便為妾也在所不惜。

郭氏（即後來的郭惠妃）在這樣的環境下下嫁朱元璋，與馬氏姐妹共事一夫。朱元璋由昔日的親兵家人，一躍而為故主遺屬的保護人。

故主的兩個女兒都下嫁了朱元璋，養女馬氏在明朝建國後，被冊封為皇后，郭氏封為惠妃。郭子興是朱元璋一生中最大的貴人，是朱元璋發跡的提攜者，雖然兩人之間有不少猜忌和摩擦，但郭對朱恩德如山，至少兩次救過他的命（朱元璋初入濠州，與和州之變時）。

朱元璋對沒有威脅的死人總還是大方的，在洪武三年，追封郭子興為滁陽王，妻張氏為滁陽王夫人，在滁州立廟致祭，並繪其三子圖像以從祀。在親自撰寫的祭文裡，他不無感懷地說道：

「朕方從軍，幾為他人所害。惟王能活我，致有今日。盡平天下，家國已成，再生之恩，終世難忘。」

然而，此言若出肺腑，他何不為主公留下一縷血脈？何必將郭氏殺得乾乾淨淨！總之是說得到，做不到。

我們無法探知這位新郎官入洞房時的心態如何，但可確知的是，朱元璋這隻亂世之鳳，是在郭氏一族的焚火中涅槃重生的。

第二卷

皇子與儲位

第九章　虎毒不食子，還溺子

俗話說，虎不食子。朱元璋殺過侄子，殺過女婿，嚇死過外甥，但就是沒有殺子的劣跡，他對孩子們護愛有加，最重骨肉之情，他建立的明朝，是典型的家天下。

有人要問了：老朱是家天下，難道老李、老劉們搞的就不是家天下？誠然，歷朝歷代，無不是家天下，豬也好，牛也好，都是一家一姓的王朝。只是老朱的心胸看起來比以往任何開國之君都更狹隘，他不止要讓朱家人世代坐天下，還不許旁人從他家碗裡多舀一匙羹。

朱元璋的「歷史貢獻」，最為後人所推許的，是其開國定制，全面規劃、奠定了大明王朝政治體制的基礎。

開口閉口都是「太祖之制」的明代人自不必說，清人對朱元璋也是佩服得不行。《明史紀事本末》有一章專講太祖的「開國規模」。在順治皇帝眼裡，朱元璋簡直是天下第一明君，「歷代賢君」，如漢高、光武、唐宗、宋祖，都不如他。順治帝自然不是追星族中的「朱粉」——「愛沒有理由」，他推崇朱元璋，主要佩服他是一代王朝優良制度的擘畫大師；他說：「古代賢君做事，有好的，也有不好的，不是三七開，就是四六開。唯有明太祖所定條理章程，規劃最為周詳，歷代之君都比不上他！」康熙皇帝下江南時，專程到孝陵叩拜，寫下四字評語：「治隆唐宋」。清代以來，有一句話：「清承明制」，叫得非常響，清朝的制度好，飲水思源，自然朱元璋開闢之功，不可抹殺。

清人對朱元璋的評價是否恰如其分？我覺得有些過了。其實朱元璋創設的好些制度，在他身故之後，要嘛廢棄不用，要嘛被偷樑換柱，變成演出道具（最典型者，莫如早朝制度）；而一些基本制度，盤根錯節，難以移易，造成深遠的負面影響，給明王朝背上了沉重的歷史包袱，比如「宦官」這塊胎記，就是從洪武朝的肚子裡生出來的，再有一個，便是那極為不合理的宗藩制度。

明代宗藩制的形成，決策缺乏科學性，在朱元璋身後不久即造成顛覆皇朝的大動亂（靖難之役）；該制度的內在矛盾和不合理性，隨著時間的延續，其不可持續性暴露無遺，成為制約明代社會經濟發展的主要障礙。

這糟糕體制的核心，便是蓬勃難遏的私心，這裡沒有公義，也沒有理智。

朱元璋對孩子們很公平，一視同仁，不僅保證他們有飯吃，還要管飽。他的兒子，統統封王，王的兒子也都為王。明代宗室的分封制度是這樣的：

皇子皆封親王，親王嫡長子繼承王位，餘子皆封郡王；郡王嫡長子繼承王位，餘子封鎮國將軍，以下輔國、奉國將軍和鎮國、輔國、奉國中尉，以此類推。

女性成員也一樣，從公主、郡主、縣主到郡君、縣君、鄉君，也是人人有封，個個都得祿米吃。如果容我發一句奇論，我要說：朱元璋是中國最早的女權主義者，因為他堅定地與「嫁出的女兒是潑出去的水」這類不平等陋習做鬥爭。他家的姑娘，即便嫁出去了，生養死葬，一概要管，女婿們也都有官可做：除了公主之夫稱駙馬，餘者稱儀賓，各有品級！

總之，凡是打「豬（朱）窩」裡爬出的子孫，不分男女，也不管他血緣的親疏，生來皆賜封爵，各按等級吃一份鐵桿莊稼，凡婚喪嫁娶、蓋屋建房，政府還有特定的財政補貼。

偏偏朱家人的生育能力從其屬相（豬），都很能生，山西晉王府有一位郡王爺，連生一百個兒子！不用多說，除了長子封王，其他九十九位元兄弟全部封將軍。這樣雞生蛋，蛋生雞，明朝的親王數經常性地保持在五、六十位之間，郡王更達數百人——王爺這玩意兒，就像濫印的鈔票，大大貶值了；郡王以下的將軍、中尉，更是千百成群，不計其數。

到明代中期，朱氏宗族人口已相當龐大，每過若干年還要翻一番。這些人被稱為「天潢貴胄」，朝廷不准他們從事任何生產活動，也不許參加科舉考試，出仕做官（直到天啟年間，實在撐不下去了，才稍稍放鬆），吃喝拉撒，全靠朝廷養活，吃完就睡，別無正事，成為一個特殊的寄生階層。

朱元璋這麼做，不僅因為舐犢情深，事實上，他在布一盤棋，企圖依靠這種荒唐的分封制度，去控制全國的軍事和經濟大權，使天下億兆之民都來奉他朱姓一家。朱元璋待兒子們稍稍長成（一般都在十六、七歲），立馬把他們派到各要地為王，從而建立起朱家的權力據點，共同「藩屏王室」，維護朱氏的家傳寶位。

朱元璋的做法，充分暴露了他私慾膨脹之下的顢頇。可稱前無古人後無來者。就說那「承明制」的清朝吧，愛新覺羅氏也有自己的宗室，若依明代的制度，康熙帝二十多個兒子，就要封二十多位親王，然後在某省擇一善地，讓他們「之國」（又名「就藩」），安營紮寨，繁衍生息，世代安享尊榮富貴。然而清朝的皇子不一定能封王，封親、郡王的只是少數幾位，其他人多只封貝勒、貝子等，這就有個降殺，而不是大搞平均主義、無差別對待。

元璋兄，你何不想想，您子孫昌盛，誕下無數龍子龍孫，白吃白喝，白拿白用，長久下來，國家財政怎吃得消？

果不其然，才到憲宗、孝宗時期，宗祿問題已開始困擾朝廷及地方政府。到了末年，政府實在管不了了，放任大量沒名字、無封號、沒祿米的「窮宗」[1]，在社會上遊蕩鬧事；

1 朱明宗室的封號與名字都要上請，由禮部擬議賜給，但因天下宗人太多，請封需要一定的成本，朝廷又怠政，官府又推脫，使許多宗室一生都無法獲得賜名，也得不到封爵，只是空寄「天潢」之虛名。而沒有封號，等於國家不承認他宗室的身分，自然也領不到祿米。

朝廷卻枯守祖制，不許他們自由謀生，許多人竟活活餓死。

本來是龍，卻成了蟲！

朱元璋對天下人如狼似虎，對自家孩兒，也是似虎如狼。不過這是有區別的，對「別家兒」他狠著咧，連皮帶肉，生吞活剝，是吃骨頭不帶吐渣兒的鬣狗、豺狼和禿鷲，但對親生的孩兒，他立威，卻絕不食。

在他花了二十多年時間，反覆修改而成的祖訓裡[2]，明確規定：親王有過失，其情重者，遣皇親或太監宣之上京；假如宣他三次不至，再遣流官（流官是相對於世官而言的，即文武官員）與太監去召——多麼客氣呀！再盛情的主人也不會這樣請客，何況對方還是一位「犯罪嫌疑人」。

祖訓裡就是這麼寫的，其實文中還有深意，好比皇帝派皇親和太監，連請三次，犯罪的親王都不肯來，憑什麼再遣流官，他一定會來呢？其未言之義是：事不過三，三次請你不來，你莫怪朝廷不客氣，發兵來請了！

2 明代「祖訓」有兩種，一名《皇明祖訓錄》，初修於洪武六年，今見本為洪武十四年修訂本；一名《皇明祖訓》，重修於洪武二十六年，此為定本。

朱元璋本意當如此，只是他忌諱把話挑明，有害於「親親之義」，所以寫得這麼曲裡拐彎，生怕委屈了他的兒孫們。

朱元璋要求未來的嗣皇帝對宗室至親做到心平氣和，極盡寬仁，親王犯了重罪，皇帝請他來喝咖啡，請三次，他不來，第四次終於動天兵押來了，卻不許皇帝龍顏大怒。

祖訓的規定是：如果親王胡作非為，確有鐵證，不是被人誣陷的，皇帝應親自下諭，將他所犯之罪明白告訴他，然後令在京皇親及太監陪留他十日。在這十天內，親王必須見皇上五次，坦承自己的過失，寫出深刻檢查。

皇帝見他認罪態度良好，到第十天就可以正式給予處分了。對此，祖訓強調：雖有大罪，亦不加刑，重則降為庶人。

朱元璋慣常使用的刑罰，什麼挑骨、剝皮、碎砍、凌遲、斷足，還有割鼻、挖眼、抽筋，一樣也不許用在自己人身上，就是常用來打書生屁股的「廷杖」，也是斷不許用！

親王就是犯了謀反等十惡不赦的大罪，最重的懲罰，也不過降為庶人——按現在的說法，就是「雙開」，開除公職（親王之爵）、開除宗籍（貶為庶民）。明代被降為庶人的王爺不少，如燕王朱棣有一段時間被削奪為庶人，稱為「燕庶人」。他把建文帝拱倒了，建文帝的後代，就成了「建庶人」。還有齊庶人、谷庶人、甯庶人等等。

以上說的是親王犯重罪的情況，如果親王所犯之罪較輕，不必召他上京，只是記住他的過失，等親王來朝時，順帶著「面諭其非」，當面批評他一下，或者派官員到他府中，「諭以禍福」，使之自新就好了。

我覺得古人行事比今人要坦誠，他們教人從善的道理，核心就是「禍福」二字：做好事就是積福，做壞事就是招禍，因果循環，報應不爽！「三言二拍」裡許多故事，都在重複這些道理，從來不搞什麼「感召」，更不用「煽情」那一套，賺人鼻涕眼淚。

「善有善報，惡有惡報，禍福自召」，這是朱元璋「育子經」的主旨。他對犯了錯的孩子，實現民主原則，絕不打罵，只是偶然嚇唬他一下，然後再和他慢慢講道理。

但親王在他的封國裡，天高皇帝遠，有了過失，朝廷怎麼知道呢？這就要靠「耳目」了。朱元璋要求御史、科道等「風憲」官員，必須及時奏報親王之過。但他的心理與普通家長一樣，開家長會時，飽含深情地對老師說：「這孩子太皮，請老師多管教，他不聽話，您就打他！」老師以為家長是以全副肺腑相托了。結果才數落了孩子一次不是，家長肚皮裡便鼓起碗大一個包，不免背後罵兩句：「做老師的，也太苛刻！」人情就是這樣，朱元璋也不例外，他雖然諄諄囑咐風憲官、地方守臣及王府內外官員好生輔導親王，有過直諫，並及時向朝廷彙報。但他本心是願意多聽親王善行美德的，很不喜歡外人說他孩子的不是。

祖訓就規定了附加條款：

——風憲官如果以親王小過奏聞的，就是「離間親親」，斬；

——如果風聞親王有「大故」（如謀逆），官員未掌握確鑿證據，就輕率上聞的，同樣犯了離間之罪，斬！

明代監察權很盛，所謂「憲臣」，相當於今天的紀檢監察部門，但其職權要大得多。「風憲官」除了在京的都察院與科道官（六科給事中和十三道監察御史，通稱台諫，或言路、言官），還包括各省按察司以及後來增設的巡撫都御史。為了保證監督的有效性及威懾力，朝廷特許風憲官「風聞言事」。風是採風之意，也就是聽到什麼消息，不管是空穴來風，還是捕風捉影，都可以奏聞，而不必拿到真贓實據。今天一些民主國家，豁免議員的言責，也是此意。這是居「言路」的特權。然而在監督親王這一塊，朱元璋卻附加了苛刻的前提條件。

譬如「小過」？何者為小，何者為大？謀反當然夠得上「大」啦，但還得捉姦拿雙、捉賊拿贓，有那麼容易嗎？若小事不報，一旦朱元璋認為是大事；或者謀反還未拿到贓、雙，未敢上奏，而謀反者已謀成而反了。怎麼辦？左右是官員掉腦袋。對兒子們，朱元璋始終是羽翼之、偏袒之的。

在各自的封國內，朱元璋授予兒子們極大的政治、軍事和經濟權利，洪武十四年《皇明祖訓錄》規定：凡王國境內市井鄉村軍民人等，敢有侮慢王者，王即拿赴來京，審問明白，然後治罪。

一般官民人等，誰敢故意「侮慢」王爺？無非是王爺瞧誰不順眼，就說他侮慢，抓起來治他的罪。

朱元璋的兒子們，都在十來歲上各奔封國，作威作福了。朱元璋將他們視作自己「帝國」統治的基石，賦予他們很大的權利，也寄予了極大的期待，時時惦掛著他們，處處為他們著想，達到令常人想像不到的地步；他表示憐愛、憤怒的方式，也令人詫異驚奇。

第十章　太祖皇帝的家書

朱元璋為孩兒們操心，主要是因為這些龍子龍孫行事多有過失，令他失望之餘，也擔心他們保不住富貴，乃至丟了性命。在這方面，他這位父親是以己心來替孩子們憂懼的。可笑朱元璋皇帝做著，卻從未享受過高枕無憂之樂，他曾自述其心態：「朕自即位以來……

夜臥不能安席，披衣而起，或仰觀天象，見一星失次即為憂惕」。

看官！您大半夜睡不著覺，起床大概就是上趟廁所，或去廚房喝口水吧？但朱元璋夜不安席，他披衣起床，卻是直奔陽臺，仰觀天象——但願他沒有拿著一支望遠鏡，否則人家還當他偷窺呢！

朱元璋難道夜來無夢，蹓躂出來看流星？非也。跟所有古人一樣，朱元璋很迷信星象學，相信天上某顆星的運行軌跡發生變化（稱「星變」，或「星失次」），都預示著地球將發生可怕的災難。他時時擔心將有不利於他的事件發生，所以跑出來接收一下來自外太空的警報。

有這樣一種人，深度缺乏自信，黃粱飯在鍋裡煮著，脆皮鴨也烤熟了，正是香氣四溢時，他卻無端地懷疑有人試圖搖醒他，令他所擁有的全化作南柯一夢，到嘴的鴨子要飛去。所以始終處於一種半睡半醒的狀態，情不自禁的自虐。

朱元璋就患上了這樣的偏執型精神障礙，總以為身邊人要害他，黑手無處不在，令他防不勝防，搞得他整日膽戰心驚，憂惕不寧，難以享受人主無憂之樂。

我們看朱元璋自己怎麼說。他在《祖訓》裡寫道：他坐在宮裡，「日夜警備，常如對陣」，那緊張狀態，就跟打仗一樣。白天時，仔細觀察身邊人，觀其言語動作有何異樣；

夜晚則嚴密巡察，毫不放鬆，使「奸人」不得而入。即便是親信如骨肉、朝夕相見之人，猶然警備於心，這是因為人心隔肚皮，「寧有備而無用，而不可無備」。

要像朱老爹一樣，每日瞪一對大眼睛，四下掃描搜索，我看，任誰都會像奸人的！

他身邊總是圍著一大隊保鏢，就是與「親信人」密謀國事，他也要求：常隨太監以及帶刀侍衛，只可回避十丈地，不許太遠。這是以防「親信人」突然發難，刺殺他，假若侍衛離得太遠，救駕就不及了。

他這個經驗教訓，不是從荊軻刺秦王那裡吸取的，而是從遇刺身亡的元英宗那裡取的經。他說「元朝英宗，遇夜被害，只為左右內使回避太遠，后妃亦不在寢處，故有此禍」。

故此他作息自律很嚴，規定「早起睡遲，酒要少飲，飯要依時進，午後不許太飽」，只為在外行路時，可以掌握一點靈活度。

夜裡他經常睡不好，時常驚醒，醒來輒側耳傾聽「城中動靜」，「市聲何如」，或者走出殿庭，仰觀風雲星象變化，默察有無臣下篡逆謀亂的跡象。寫到這裡，我想，假如朱元璋向哪位御醫抱怨睡眠不好，御醫給他開一劑安眠之藥，結果朱元璋睡踏實了，一晚未起，第二天你猜怎樣？是重賞御醫，還是立刻推出斬首？請回答！

無論朱元璋到哪裡，「警備常用器械、衣甲，不離左右」。元璋兄這方面的性格，倒與我有幾分相似，我也喜歡做最壞的打算。為此，我不得不努力工作，以免下崗，而朱元璋則隨時為政權坍臺，做好了「跑路」的準備：他下令從眾多御廄良馬中，調教出「能行速走」的快馬數匹，常於宮門及京城四門餵養；又命凡是皇帝所在，近侍太監都要隨時備下鞍轡齊全的馬匹——自然，朱元璋沒說逃跑，他說的是「一體上古帝王、諸侯防禦也」。但若是防禦，該多備滾木礌石才是，您卻備下千里良駒，這算是哪門子的防禦？

了解了朱元璋的惶恐心理有多深，下面再講他如何給兒子們發警報，就知道其言之不虛，全是根據他自己的生存之道總結出來的了。

朱元璋在《祖訓》中介紹：「朕以乾清宮為后寢，后妃宮院，各有其所，每夕進御有序。」說他夜裡只在乾清宮就寢，妃嬪各有居所，排好隊次，輪流侍寢，從不發生爭搶——妃子們情緒都很穩定。

在孩子們來朝時，朱元璋曾親自領他們參觀過自己的寢宮。只見龍床周圍，盡是宮人鋪睡處（大約是打地鋪吧，這與後來乾清宮二十七張床的布局明顯不同），他得意地說：「此所以關防有勢！」真龍擱中間睡，勇敢的宮女們圍繞在四周，形成一個宮女敢死隊環衛聖駕的形勢，大概她們還有口號：「誰要犯駕，請先從我們的屍體上跨過去」。

「關防有勢」的話，記在朱元璋給第三子晉王朱棡的「記事」裡。

記事是朱元璋手書並封緘的私信，由太監或皇親領於御前，直接交到收信人手裡。像這樣的記事，晉府收到百餘件（有專門諭晉王的，也有傳諭諸王，而另給晉王一份副本的），由王府長史司編輯出來，流傳後世，就成為寶貴的史料了，稱之為《明太祖皇帝欽錄》。

《欽錄》在明代屬於保密檔案，沒有傳世。直到民國十四年（一九二五年）接收清宮財產，才由俞平伯先生發現於景陽宮御書房。俞先生認為：「這不是正式的官文書，乃是明宮的密件」。這個判斷是正確的，正因為不是公開刊刻的文書，且內容皆為朱元璋親筆，未經潤色和篡改，所以其真實性及史料價值非常之高。

下面講朱元璋訓子，主要依據這份難得的史料。

我們剛引述的那件記事，是由內使虎兒於洪武二十八年四月五日送到山西太原晉王府的。同日，周王府差千戶周彬也齎到記事一件。大概朱元璋只寫了一份，令各府互相傳閱，故由周王差人送到。同一天收到兩份記事，足見在京的老父時刻不忘在國的兒子們。

事情的起因是皇第二子秦王朱樉突然薨逝。

秦王去世，讓白髮人再一次送了黑髮人，朱元璋的悲惻之情溢於言表。他立刻條件反射地指出，秦王一定是遭人謀害！他忿憤地說：「秦王不聽我言，與小人獨處，殺身之禍，是其自招！」

對秦王的死，他是又憐又恨，但馬上想到必須盡快提醒其他兒子，於是挑亮燈花，給兒子們寫信。他自己形容其態說：

「為父的老眼昏花，但為你們著想，不得不揩拭模糊的老眼，親行淨稿，把秦王的事情告訴你們。」

信的末章節附注著日期：「洪武二十八年三月二十七日記事。」這一年，朱元璋已經六十八歲了，老眼生翳，他仍堅持親自動筆，給遠方的兒子們寫下一封封家書。他如此不顧辛苦，就是怕兒子們遭無處不在的敵人所傷。

秦王縱恣妄為的個性，從他初到封國（洪武十一年）就顯露出來，而自他趕赴封國的那一時起，老父勸誡、指責、鼓勵的敕書與家信，就接連不斷地飛來。但秦王總改不掉壞脾性，令老父親又急又氣，無可奈何。

在洪武二十三年（一三九〇年）二月十日的一份給晉王的記事裡，為了教育晉王，還拿他二兄秦王舉例，說秦王「終歲玩婦人，為婦人所迷，護衛官軍人等，亂宮者無數」。

此時朱元璋身體狀況不好，他寫道：「今老父負瘡在背，略說大意，觀爾心智，尚不能周知老父之機。」那語氣裡，是既希望孩子們學「好」，又怒其不爭，不能達到他的期待。

其情之流露，發乎自然天性，要不是《明太祖皇帝欽錄》裡所收記事，有太多暴力和充滿帝王狹隘思想的內容，將它們編輯起來，倒可以做成一本《朱元璋家書》，供後人做親子教材呢！

第十一章　廚子打不得！

秦王朱樉，是朱元璋第二子，在太子朱標死後，成為諸王中最年長者。洪武二十八年（一三九五年）正月，朱樉率軍西征甘肅洮州，討伐叛亂的西番部落。軍事行動很順利，不久捷報到京，老頭子十分開心，他從小就教導孩子們：「你們好好練兵練將，爾等長成，不靠外人為將。」如今「外人為將」者差不多殺淨了，乃見秦王似模似樣一個將才，自然開心得不得了，賜予他豐厚的獎品。

不料轉瞬之間，凶耗傳來，秦王竟死了！

據王府奏報，秦王是當年三月十九日夜三更時分發病的，宮中婆婆（老年宮女，又稱老婆子）見殿下喉中痰音大作，四肢發冷，說不出話來。急忙報告府中護衛以及長史、承奉司官員，眾人慌了手腳，忙令守門太監去喚醫士。等醫士來看時，秦王已歪在前殿東房的床上，唇口指甲發青，雙目緊閉不睜，出聲不得。醫士診斷是「六脈闗絕」，急忙煎藥救治，又是拿針灸紮臍下，又是用熱水瓶熨腳心，就差電擊了，折騰了一夜，到第二日辰初時分，秦王還是不治身亡。

朱元璋聽到噩耗，武斷地認定，秦王是因為不聽他教訓，才被人謀害致死的。而害他的，無非是他身邊的小人。

俺不斷提醒你，讓你留心身邊的小人，但你就是不聽！朱元璋氣得腦袋發暈。

秦王在這方面一直不讓他放心。他還記得，洪武十一年（一三七八年），二十一歲的秦王到西安去就藩。在路上，因一點小不如意，鞭打了廚子。這讓朱元璋大感恐懼，親自寫來一份敕諭，指出秦王多次侮辱「造膳者」的危險性。

堂堂王爺，哪怕他一個廚子什麼的！朱元璋不這麼看，他說：「膳，立命也，非操膳其事者不得其精」。人之榮華富貴，不過吃穿住行，而以吃為首。小子你聽真了：你的吃食，掌於廚子之手。你不把廚子當人，「將操膳者視以尋常，是不可也」。為何？吃食是要入口的，你若得罪了廚子，他往你飲食中吐口水，或彈點鼻屎什麼的，你哪裡知道！「若頻加棰楚，不測之禍，恐生於此」。聽說你動不動還打他，他雖是個小人物，你把他打狠了，他豁出去，在你食物中下毒，你小命就沒了！

依我說，朱元璋的批評與分析，雖然有些齷齪，但可謂鞭辟入裡，十分精闢！

好像朱家孩子都喜歡跟廚子過不去，與秦王同一年就藩的晉王朱棡，也在到封國太原的路上，笞辱了膳夫。事見《明史．朱棡傳》。

朱元璋不愧是眼觀八路，耳聽四方，西北警報剛息，又聞晉中警聲大作，他捉急死了，孩子們怎麼都這般任性，不懂事呢！他立刻派人，以八百里加急的快馬，星夜傳諭晉王（「馳諭」），讓他對廚子好些——真比兵火還急。

在給晉王的教訓裡，朱元璋拿自己舉例，說道：

「老父我率領群雄平定禍亂，對人從未姑息過。唯獨廚子徐興祖，事我二十三年，我從未折辱過他。」

他為何對一個廚子如此高看？難道一介「膳夫」，比被他殺掉的那些老哥們還重要？朱元璋沒有明言，只拋出一句：「怨不在大，小子識之」。

令人莫名其「妙」！我想，朱元璋一定把給秦王講過的那一番道理，也給晉王講了。只是修《明史》的秀才們，覺得那道理，其理雖真，卻不似帝王口吻，很難複述，因此便來個「吾不言，請親愛的朋友自察之」以敷衍了事。

親王之國，是多麼隆重之事，一路上軍馬浩蕩，事體繁多。朱元璋獨獨對兩個皇子毆打廚師之事，耿耿於懷，專門派飛馬前去，曉以利害。可見他很明白一個道理，像陳友諒、張士誠這樣的對頭，像胡惟庸、藍玉這樣的「奸臣」，要想謀弒他並不容易，總得發起大勢軍馬來殺，但他終究能抵擋一陣子，總不至於虧輸。就怕這些對頭、奸臣，不起軍馬來殺，而是買通身邊親信之人，取他首級於睡夢之中。

看官！不妨猜一猜，除了侍寢的宮女妃子，還有哪些人應該格外防範？朱元璋認為，身邊有兩種人絕不可得罪，一是剃頭匠（櫛工），一是廚子（膳夫）。為何不能折辱廚子，朱元璋把道理講得很清楚了。那為什麼剃頭匠也不敢得罪呢？朱元璋的原話沒有錄音，但應該很好理解：除了帶刀侍衛，能夠在御前動刀子的，不是只有剃頭匠嘛？侍衛們的刀，都藏在鯊魚皮鞘裡，輕易不拔。但剃頭的來見，有哪次不亮刀的？一把利刃，在龍喉前橫飛，刀光閃處，鬍子刷刷飛落，朱元璋能不驚恐？

曾記得看過一部日本恐怖小說，講一個理髮師撞死人逃逸，恰好被一個人看見，這個人經常找上門來，先是剃鬚不給錢，後來就開始要錢。把理髮師折磨得幾乎發狂，最後終於用剃刀割開了勒索者的喉嚨。這個人死了，真相才揭開，原來他並非勒索，而是借理髮師的手自殺。朱元璋可不想自殺，所以他得好心撫慰剃頭師傅，讓他情緒穩定，不至於像那位日本理髮師一樣發狂，危及聖躬的安全。

大概朱元璋和我等百姓一樣，和剃頭匠說話，也是一口一個「師傅，你辛苦了」。他不單嘴上客氣，還經常給些白金、寶鈔的賞賜，甚至送大官給他們做。朱元璋的廚子徐興祖、井泉，都做到光祿寺卿；剃頭匠杜安道、洪尚觀，做到太常寺卿，都是從三品的皇皇京卿（光祿寺卿與太常寺卿，皆為「九卿」）。

一聲怒吼半邊天都要塌下來的老父親尚且如此謹慎，他的不肖之子，竟敢隨便笞辱，還要不要小命？

如今，一切都應驗了！秦王果然被害死了，朱元璋恨恨不已，言語錯雜地（這是老朱口語的特點）把死秦王數落了一大遍。他斷定：「老二就是在睡前服食了櫻桃煎，由此而亡。」

櫻桃煎是蜜餞，宋代人很喜歡吃，楊萬里就寫過一首詩誇它好吃。但怎麼這美食到秦王肚子裡，便要死人呢？原來是被人在裡面下了毒。那麼王爺的飲食，怎麼能輕易被人投毒？朱元璋說了，這都是因為「正宮被苦，宮禁不嚴，飲食無人關防計較」。本來王爺的飲食該由王妃來管，但王妃正「被苦」呢，自身不保，哪裡管得了你呀！

秦王朱樉的正妃王氏，是元朝大將、河南王王保保（擴廓帖木兒）的親妹妹。

王氏被納為秦王妃時，王保保正擁兵盤踞在西北一帶。顯然，這是一樁政治聯姻，而當朱元璋將兒子的婚姻當作籠絡王保保的一種手段時，已註定了王氏一生的不幸。

我不知道王氏貌美不貌美，反正她的容顏、她個人的意願，都是微不足道的，唯有她的身分才最重要，這也是決定她在政治天平上起伏不定的關鍵。

王保保是個漢子，他拒絕了明朝的招降，那個妹子，自然也是不要了。可惜天妒英才，他沒能實現復興大元的夢想，就在洪武八年病死了。而恰在洪武八年，由朱元璋做主，又為秦王樉另冊了一位王妃。但老二媳婦王氏還沒死哩！一王二妃（一正妃，一次妃），這是諸王中的特例。

大概是朱元璋覺得硬要秦王接受一樁政治婚姻，對不起他。如今王保保已死，其部眾分崩離析，北邊可以解憂矣，王氏的利用價值也消失了，所以轉而與鄧愈結親，給秦王另找了一個他喜歡的妻子。

果然，秦王從此只寵愛次妃鄧氏，而把討厭鬼王氏徹底打入冷宮，每日粗茶淡飯，悲苦捱日。

對於秦王的這點家事，朱元璋早有所知，他還替王氏出過頭咧！奇怪吧？

朱元璋在御祭秦王的哀文中，不忘把這一條拿出來說：

「偏妃鄧氏，因妒忌被責，自縊身死。自此之後，我再三省諭，以禮相待正妃王氏。爾不聽父教，仍將王氏幽囚宮中」。

鄧氏是追封寧河王鄧愈之女。鄧愈生前，率軍打過王保保，這兩位戰場上的敵人，各自的妹妹與女兒，共侍一夫，難怪她們要不合，在宮中開起戰來。而公公本來對王氏不公平，無端給她樹了一個對手，但後來見秦王做事太混帳，轉而偏袒孤弱的王氏，動輒訓責鄧氏（須知公公的訓斥是極可怕的，請見下文），鄧氏一害怕，就上吊死了。

瞧，朱元璋又占一項世界第一：他竟然嚇死了兩個兒媳和一個兒子，即秦王偏妃鄧氏和潭王夫婦。

秦王大概是恨摯愛被奪，激起逆反心理，從此硬下心來，死活再不理正妃王氏了。

而不幸的王氏在冷宮中幽囚二十餘年，待秦王暴薨，她赴陰間的路也鋪好了，被迫為不愛她的夫君殉葬。秦王朱樉謚「湣」，稱秦湣王，王妃的謚多一字，為「湣烈」。「烈」這個字可不好擔待，它須以生命為代價去掙的！

據說，金庸先生《倚天屠龍記》中元朝郡主趙敏的原型，就是王保保的妹妹。不知老先生怎麼說，我希望是真的，因為我們無法回到明代去解救她，只好希望這個可憐的女人可以換一個身分，活得精彩美豔！

秦王雖然死了，朱元璋還有好多話要講，「記事」沒法寫了，他便把想說的話一股腦寫進秦王的祝文裡。這篇奇異文字，正史不載，全文開載於《明太祖皇帝欽錄》裡。最初發現此件的俞平伯先生，看過之後，頓覺有眼界大開之感。他在《記在清宮所見朱元璋的諭旨》一文中特別提到：

「那篇《祭秦王文》，是很有趣的文字。祭文我見得很多，無非痛悼讚美不休，真的是『肉麻當有趣』。至於把它們做得和檄文一般的，你們見過嗎？我想你們還沒有見過吧，《祭秦王文》就是這麼一篇妙文。開首說了一段，我記不大清楚，但總括來說：『你的死是自作自受的。我列舉你的罪過，你聽著！』下面便一條一條的指斥著。每一條首，那標著『一』字，乍然一看，簡直不多不少是一篇檄文。而且全文異常的冗長，更足見朱元璋的令郎是死有餘辜的了。」

此祭文是古今獨見的一篇奇文，一共二十八條，都在說朱家二郎的失德和荒忞。

這位秦王行事的確荒唐（據朱元璋說，許多惡行是他與鄧妃一起做的），他在宮中閒來無事，將婦女厚粉塗面，用胭脂畫一血盆大口，口角直接耳垂，然後令其擎紙旗二面，在宮中飛舞奔走；又將宮人以墨塗面，用大紫茄子二枚，掛在耳朵上，令兩人肩扛了，在殿庭間盤旋，以此取樂。

這是「荒蕩無禮」的例子，還有殘毒之事。秦王性情暴烈，經常對宮人施以非刑，有割去舌頭的，有縛了埋在深雪中凍死的，有綁在樹上活活餓死的，有用火燒死的……，宮中老幼，無不膽戰心驚，不知哪天就丟了性命。

於是有老婦三人，暗地裡在櫻桃煎中下毒，結果威武的秦王，「不移刻而死」。

秦王死於櫻桃煎，應該是在審訊秦府宮人時供出來的。案件的審理情況不明，但可以想見，朱元璋為了替兒子報仇，將如何的施虐了。嚴刑之下，什麼樣的口供得不到？他說兒子死於下毒，那一定是死於下毒，至於毒藥下在櫻桃煎裡，還是葡萄乾裡，就隨受刑者發瘋時亂咬胡供了。

朱元璋替王氏打抱不平，並非真的憐惜這女子，他不過認為，由於秦王宮中無主，因而宮禁不嚴，群小放肆，而王的飲食起居，無人關防計較，才遭人毒害。他雖然將秦王以公爵之禮下葬，「俾爾受罪於冥冥，以泄神人之怒」，其實是他在自洩其怒。

在二十八條「檄文」中，就有五條提到秦王「聽信偏妃鄧氏」或「聽信偏妃鄧氏撥置」；其中一條說，秦王與鄧氏一日在花園臺上同坐，令宮人捲衣至膝上，於礓礤（音薑擦，是以磚石露棱側砌的斜坡道，斜面為鋸齒形）上跪行。——這多痛啊！行不到一半，宮人忍不住膝痛，跌倒滾下，逗得王爺與王妃哈哈大笑，連說翻得好筋斗，以此為笑樂。

京師幾千里外，秦王府裡發生的這類細事、小事，被朱元璋摸得一清二楚，可見他在兒子身邊安插了不少眼線，隨時報告，他則一筆筆把帳記著，死了也要一起算！

第十二章　公公要凌遲兒媳婦

《明太祖皇帝欽錄》除了秦王，還記有周、齊、潭、魯、靖江等王的敗德之事；另外還有一部性質相同的《御制紀非錄》（成書於洪武二十年），所記也都是諸王的不法之事。

在這兩本原始史料裡，我們最關心燕王朱棣的形象。可惜，無論是《欽錄》，還是《紀非錄》，均沒有任何關於朱棣敗德為非的記錄。

作為年長的皇子，朱棣在兩書中僅僅側面出現過數次，幾乎沒有留下任何的事蹟。這是因為朱棣行事謹嚴守正，尾巴滑不溜秋，父皇抓他不著？還是書中本來有一些關於他「作惡」的記載，當他即位後，相關「記事」全被檔案的整理者刪除了？對此不好隨意做出判斷，但從後文建文帝對燕王過惡的指責來看，朱棣與諸王一樣，也有跋扈不守法的通病。我傾向於認為，朱棣滿身的臭泥，都被人為洗去了。

這啟發我們思考：荷花出汙泥而不染，是其自然之性涓潔，也有雨水沖刷之功；而吃五穀、放臭屁的人類，他們從汙泥裡挺拔而出，看起來那般白淨，卻很可能是御用文人替他們沖了一個熱水澡，所以——香噴噴得很咧！

替人洗澡搓背，本是一件低賤的活計，歷史學者本該在殿堂裡修書，怎可跑到澡堂裡搞創作，低聲下氣地替權貴搓澡討歡心呢？

且放下老四朱棣，說他七弟齊王朱榑。

這位皇七子，在他父親眼裡，是典型的不才荒唐之人。洪武十一年，朱元璋命周、楚、齊三兄弟到鳳陽老家下基層鍛煉，一方面「閱兵練武」，熟習兵事，將來好統領朱家軍打仗，保衛朱氏的「紅色」江山（明朝德運屬火，五行之中，火色為赤，而國姓朱者，亦赤也）；一方面「專讀聖賢之書」，以培養年輕的皇二代的德性。

或許是第一次離開京城，沒有了嚴父的震懾和約束，齊王彷彿孫悟空除去了緊箍咒，立馬「輕薄生焉，殘酷萌焉」。

齊王種種怪異殘酷的行為，很快由皇帝高效率的諜報隊伍密電報告了主子，朱元璋大為震怒，立刻下令將齊王召回，飛雷閃電，大有將其廢黜之勢。

齊王的媽媽達定妃憂子心切，晝夜驚惶不寧，飲食俱廢，擔心與她同榻的老虎悍然發威，做出吞噬親子的事體。她雖然害怕極了，仍鼓起母性的勇氣，跑到朱元璋面前，為兒子求情討饒。

達定妃跪倒泣奏。

「幼兒無知，可善加責罰，徐以教之。」

「昔帝王之子不才，以辱父母，教而不馴，故棄慈而殺子者，出於無奈！」朱元璋憤憤道。

聽到「棄慈而殺子」五個字從朱元璋嘴裡吐出來，達定妃嚇得魂魄欲飛，以為萬能的主立心要殺齊王了。

她戰兢兢地問：「敢問輕薄者何事？殘酷者何事？」她不信年幼的孩兒能犯下什麼大過，讓親爹「出於無奈」，非殺子不可。

朱元璋道：「你聽我說——」

便舉出特務報告的齊王輕薄的例子：他見一隻鵓鴿從東房飛到西房，咕嚕叫了兩聲，因嗔怪鴿子口出非禮之言，怒喝一聲：「你敢飛這裡來！」抽出衛士的佩刀，追上去砍殺。

朱元璋連比帶畫，口水直噴，又舉出另一件齊王行事慘酷的例子：

「他宅中房檐下有一窩雀雛，不知如何惹惱了他，竟叫人拿去活活燒死，如此無仁心一個逆子！」

原來小小的齊王，是一個虐鳥狂。現在網路上有好多以虐待小動物得意的人，還拍下影片炫耀，小心朱元璋來找你喔！

明代還不流行虐待狂，別說是人，即便是小鳥，你以不人道的方式對待，也是喪心病狂的表現。達定妃聽了，默然無語，孩子的行為令她羞愧。

齊王朱榑這一年十五歲，按當時的標準，已快到結婚生子的年齡，還如此行事，的確荒唐。這位七皇子胡鬧的本性，從未改過，標準的「教而不馴」。不過朱元璋說「教而不訓，棄慈而殺子」，只是發怒時說的幾句狠話，他才捨不得殺死親生之子呢！教而不馴嗎？那好，接著再教，直到馴服為止。如果始終不馴，老頭子也只好拱手道一聲：「我是沒法了，留給後人再教吧。」這位後人，指的是齊王的大哥懿文太子朱標，未來的皇朝繼承人。

《明史》對齊王的描繪是「數歷塞上，以武略自喜，然性兇暴，多行不法」，看起來他虐鳥，貌似在培養打仗的本領。但俗話說，種瓜得瓜，種豆得豆，從這個意義上來講，人們都是高明的農夫、不學而成才的農業專家。好比齊王多行不義，是他撒下的種子，到秋天時，豐收了，他便吃到自己的勞動成果——簡稱「自食其果」。建文帝即位後，即罷其王爵，廢為庶人。

齊王與同時被廢的四哥朱棣，屬同病相憐。四哥奪位後，關照這位病友兄弟，替他平反，復了他的王爵。但他依然驕縱如故，就連四哥也容忍不了，再次將其廢黜。

齊王不容於二朝，他被廢為庶人，等於從宗籍裡除了名，從此「天潢」裡再沒有齊王這一系，凡涉及到朱榑及其後人，皆稱之為「齊庶人」。

齊王做的那些不法之事，可見《明史．齊王榑傳》。與傳中那些事比起來，追砍鴿子、活燒雀雛都算不得什麼。朱元璋並不是一個見血就暈的主子，他是否有些小題大做了呢？其實，他之所以拿殺子來恐嚇齊王母子，憂心的並不是「孩子這般小，就如此殘忍不仁，將來豈不變成比我還狠的魔頭」，真正令他深憂亟慮的，是小孩兒輕率殺生，不積陰騭，將來會招禍上身。

朱元璋一生殺人無數，他並非不怕惡鬼來纏，所以他一邊大開殺戒，一邊大做法事，這就好像黑道老大一邊掙黑錢，一邊到處散財做善事。

朱元璋害怕兒子們平白害生，會招神殛，便找人把楊寶育雀、隋侯醫蛇等一些專講報應、福禍的古代故事，畫成圖畫，賜給諸王，讓他們記住：「福人膺福，禍人應禍，未嘗謬也」。

然而，就是這樣一個關心孩子們積福，篤信善惡有報、鬼神好還的人，在《明太祖皇帝欽錄》的別處，卻經常向兒子們發出這樣的指令：「將會寧侯並他的兒子，都凌遲了，家人成丁的，也廢了，婦女與晉府配軍（即將女性眷屬配給王府的軍人作老婆）」；「把那三個侯碎砍了，家人、火者、成丁男子都砍了」……

吾等看客，只能嘆息，有人就是這麼分裂、變態，其人格豈可以常理喻之！

洪武十九年（一三八六年），天象多變，發生太陰、金星、火星凌犯諸王星的災異。朱元璋嚇壞了，生怕諸王之中，有人會當災斃命。

他想來想去，周、齊、潭、魯這幾個王，「每日為非」，一定是他們激怒了上天——「二曜相犯甚急，罪恐專在周、齊、潭、魯」。他之所以這麼聯想，是因為近期接到的關於諸王行為的報告中，這幾個兒子最為胡作非為。

五小子周王朱橚，最為朱元璋疼愛，他不聽話時，也最令老父心煩。朱元璋痛苦地合上雙眼，憤然道：「如周（王），無所不為，說不能盡！」

五皇子做的壞事太多，老父頭疼不已，都懶得細數了，他只說了一件：開封府生員顏鈍，定了一門親，女方還沒過門，被周王先下手為強，搶入宮去，再不歸還。——且慢，這事兒怎麼這麼眼熟？你老朱不也幹過？當年參議楊希聖已聘之妻是被誰奪去的？您老「身教」在先，周王學你，何必動怒？

朱元璋應該是不記得了，所以一點都不臉紅，他在罵過周王後，又將其他幾位少爺在洪武十九年的劣行一款款列了，講給諸王們聽：

長不大的齊王，這回又挨批了。如今他已是二十四歲的小夥子了，幹起壞事來，遭殃的就不再是雀雛、鵪鴿。據他父親爆料，他也喜歡強搶民女，經常將民間女子搶入宮中，「不用」者打死，然後燒成灰送出來（好像齊王很喜歡玩火，有縱火犯的傾向）。

第八子潭王，是齊王一母同胞的弟弟，三年後自焚而死，慘遭朱家除名，被民間故事家請去做主角，編入陳友諒的精子大軍，做了陳家的遺腹子。

此人似乎並不值得同情，瞧他在這一年幹的壞事：先是一千皮鞭死本府典簿一員，又用鐵骨朵打死典仗一員。也是個兇悍了得之人，大概朱門的家風和遺傳固然如此吧。其實不用朱棣在實錄中造假，吹噓自己如何酷肖父皇，他的兄弟們，個個都「肖」得很呢！

第十子魯王朱檀也榜上有名。

十少爺朱檀還年輕呢！他是洪武三年（一三七〇年）生，出生才二個月，就被封為魯王。這位魯王好道術，也是他朱氏的「家學」。在道教方面，和尚出身的朱元璋頗有研究，諸王之中，秦、燕、魯、寧等王，都是「神仙」的信徒；燕王朱棣把自己裝扮成現世的真武大帝，寧王朱權則寫了幾本介紹修仙的書，研究專深，自不必說。且說朱二哥秦王樉，好服食「淫邪之藥」，因為藥性熱燥，每天須飲用大量冰水，而魯王的路數，與他稍有不同，他好的是「餌金石藥」。服用的都是道家爐火的修煉之物，功用則有不同：秦王服藥的目的應為助淫，是威而鋼、犀利士一類的春藥，所以才有「於軍民之家搜取寡婦入宮，陸續作踐身死」的劣行；而翩翩少年魯公子，吃的卻是長生不死、羽化升仙的仙丹。兩兄弟各取所好，但服毒是一致的，秦王不到四十就薨逝了，魯王年紀輕輕，毒發傷目，把眼睛弄瞎了，洪武二十二年（一三八九年），年僅十九歲，一病嗚呼。

魯王是個有才華的年輕人，作一手好詩，彈一手好琴（有興趣的朋友，可去中國山東兗州魯王墓參觀），他的死令老父又憐又恨，雖然不像對待秦王那樣，寫一道討伐的檄文解氣，卻也贈了兒子一個惡諡：「荒」——朱檀成了魯荒王，換成白話，就是「荒唐的魯王」啊！

魯王如何荒唐，且聽朱元璋在家庭揭批會上如何斥責：

「魯至無禮，其妃當凌遲處死！這等潑東西，一日著內官召回來，凌遲了！」

一般民家，公公老頭兒罵兒媳，怎麼都要顧及口德，不可罵得太狠。沒有像朱元璋這樣做公公的，開口閉口要把媳婦凌遲了，古今中外，他應該是第一人吧！

這位魯王妃不是別人，乃是信國公湯和之女。

魯王小倆口到底都做了些什麼事，令老父如此發怒？

原來朱元璋據線報，魯王倆口兒在封地兗州，經常將民間十歲、七、八歲大的小孩留在宮中玩耍，三五日才放出來（莫非年紀不大的魯王有虐童癖？），有的則乾脆不放，擅自閹為火者（即閹人），令一境人民怨怒。

說到這，朱元璋又罵一句：「此夫妻二人，死不可逃！」

不單百姓民人之家，就是軍人家的小孩，也常受害。嚇得孩子們見到魯王府的火者，都如老鼠鑽地縫一樣，紛紛藏入床下，不敢做聲。

「如此教人難過！」朱元璋忍不住又罵。「這夫妻兩個，死罪絕不可逃，合當凌遲信國公女。」

容我說一句，元璋兄：做公公的，豈可這樣偏心？如果要怪，當先怪自己的兒子，小倆口一起做的壞事，如何只要凌遲兒媳婦？

當然，廢人、凌遲人，是朱元璋的口頭禪，說慣了的，他並不真心要治兒子的罪。兒子肯定是不治的，兒媳則不一定，如秦王次妃鄧氏，是勳臣鄧愈之女，不也被公公嚇得掛了樑？湯和之女被公公三番五次拿凌遲來嚇，我想多半也是趁早自吊而亡。

朱元璋把周、齊、潭、魯等王胡作非為的大概，寫在記事裡，「說與各王知道」，意在提醒兒子們：「天象如此，你們若愛惜自己的性命，就當多行善事，少做非為，這樣才能挽回天意，為善自保珍之計。不然，禍不可逃！」

總之，作為家長的朱元璋，性雖嚴，心卻慈，他是一門心思為兒郎們著想的。

第十三章　朱元璋的福星墜落了

朱元璋希望兒子們團結起來，「尊敬父兄，和睦親族」，共同維護朱家的萬世基業。在皇子們各赴封地守國之前，他經常創造機會，讓兄弟們回老家鳳陽，一起讀書、出遊、練兵，在朱家的發祥之地，在對祖先的共同懷念中增進感情。

洪武七年（一三七四年），他特創新例，讓兒子們一起為庶母成穆孫貴妃守喪。太子朱標不樂意，說自古哪有儲君為父親之妾服喪的？惹得老頭子暴跳如雷，拔出劍來，作勢要砍他。朱標嚇得逃回東宮。幸虧東宮有聰明的輔臣，深知儲君最不該幹的事，就是逆國君之意。趕緊勸說他，曉以利害。朱標深悔失言，忙套上一件白袍子，額上抹一道白綾，全身孝子的打扮，然後去見父親，表示深刻反省認錯。

有學者認為，朱元璋之所以讓皇子們一起來為庶母守喪，除了以此推重他愛妃的身分，還另有深意：他希望兒子們在共同參與長時間的喪事活動中，增強家族情感上的聚合力。這是極有見地的。

皇子們到封國稱王時，多數都還未成年，之後就在封地裡「守國」，未蒙召見，不許來京。朱元璋擔心孩子們日久情疏，他想出的辦法，是令王子們互相訪問。

洪武二十六年（一三九三年）五月底的一天，晉王府宦官首領劉二在京辦完公事，陛辭回太原，朱元璋口授旨意，對晉府一些事務做出安排。講完公事，劉二要退出，朱元璋想起什麼，招手把他叫回來，叮囑他道：「你去給晉王說，如今燕王十六日出去了，要你家王爺也收拾出去，與弟兄們相見一見。」

燕王封地在北平（今中國北京），晉王封地在山西太原，分別守著北邊兩大重鎮，這兩兄弟關係不好，是朱元璋的一塊心病。他希望二王多見面，或許在談笑間，他們之間的芥蒂也如北虜一樣灰飛煙滅？

洪武二十七年（一三九四年）三月，朱元璋命第二十子韓王朱松、第二十一子沈王朱模，「游觀諸王國都，以敦友悌之情」。

兩位年少的皇子，此行分別拜訪了西安的二兄秦王、太原的三兄晉王、北平的四兄燕王、開封的五兄周王、青州的七兄齊王，歷時半年，行程數千里。

韓、沈二王都是朱元璋老年時所生，當時年紀不過十二、三歲，與兄長們的年齡差了二十幾歲。朱元璋認為他們辛苦這一遭是值得且必要的，因為他們將來也是鎮守一方的王子，將與兄長們攜手，共同奠定王朝的基業，如果兄弟之間缺乏感情的交流，相互之間不熟悉，甚至不認識，那怎麼可以呢？

洪武三十年（一三九七年）春，朱元璋又因從曾孫靖江王朱贊儀（朱文正之孫、朱守謙之子）年幼，欲讓他「知親親之義」，命他省視晉、燕、周、楚、齊、蜀、湘、代、肅、遼、慶、谷、秦十三王，自湘、楚入蜀，歷陝而入豫、晉，經北平，東至大寧、遼陽，然後渡海，從山東回京。幾乎沿著大明王朝的邊界走了大半圈，此行更為艱苦。朱元璋這麼做，除了敦進親族的感情，還希望借此讓子孫周歷天下，熟知山川險要，習於勞苦，增廣見聞，可謂用心良苦。

以上只是史料有紀錄者，沒有記載的親王間的相互交往，應該更多、更為頻繁。洪武後期，隨著元功宿將的紛紛隕落，諸王們開始充任主帥，統率護衛、都司軍馬，領鎮守、征伐之事。朱元璋一般會讓相鄰的親王一起行動，並按其年齡分別擔任主帥與副帥。朱元璋這麼做，一方面是為了強化兄弟之間的感情紐帶，一方面則強調了長幼有序，使孩子們既懂得孝悌，亦能各守本分，勿相爭先。

在皇子繼承制度的安排上，朱元璋也是絞盡腦汁，他確立的一項根本措施，就是強化嫡、庶之別，使嫡長子繼承制成為皇位襲替的基本原則。

祖訓裡，有這樣的規定：凡親王每年來京朝覲，不許一起都來，務要一王來朝，歸國無事，下一位親王得到通知，然後才許來朝。

現代西方也有類似的規定，總統以及副總統、參議院議長等國家元首的順位繼承人，不許出現在同一個場合，否則一齊出事，蛇無頭不行了。朱元璋也害怕朱家父子老少舉行家庭聚會時，被「叛逆者」突然發難，一起做了包子餡。

皇子皇孫們來朝的順序是：

從長到幼，嫡子先來，嫡子朝畢，再是庶子。庶子也按長幼之序來朝。如此周而復始，不許失序。

而突出嫡、庶之別，就是強化嫡子的地位。這首先表現在大位的繼承上，嫡長子朱標，從吳王時期的世子，到洪武時期的皇太子，他始終是毫無爭議、不可動搖的儲君。朱標死後，朱元璋也不考慮別的兒子，而是直接冊封朱標的嫡子朱允炆為皇太孫，皇位始終保留在嫡長子這一系，絕不許他房小宗覬覦。

從《明太祖皇帝欽錄》的記事來看，朱元璋利用一切機會突出皇太子的儲君地位。《欽錄》所收的第一條敕文，是洪武十一年（一三七八年）七月十九日敕諭秦王朱樉的，在嚴厲警告秦王的過失後，朱元璋語重心長地說道：

「昔日漢、唐子孫要是有你這樣的行為，身家性命還保得住嗎？今朕尚在，爾不曉人事，蠢如禽獸，朕加爾以責罰，你不必多疑。設若朕身後日久，爾還是這般蠢行，你大哥要收拾你，就不是他為兄的過錯，純屬是你自找的了！」

又說：「爾終不從父命……如今朕在位，是爾父親，教爾不聽，總還是容你，將來是你兄做皇帝，他以苦口毒言教爾，爾必不服，以己是而兄非，那時你將自取其禍，還保得住富貴嗎？」

洪武二十三年（一三九〇年）二月，因為第三子晉王朱棡「機根淺露，輕薄妄言」（晉王在一封信中，說了一些不該說的話），朱元璋擔心他將來觸怒兄長，特地寫來「記事」，提出善意的警告，說：「今天你老父還在，嚴號令，令爾兄弟，使知警畏，永保其國。他日你兄長即位，倘兄有號令，不管他做的對不對，你都要學會含忍。」其意與對秦王說的類似。

可見，朱元璋並不像之前的帝王，忌諱言身後之事，他一再突出並維護皇太子朱標的威信，前後一致，毫無差別。

洪武二十四年（一三九一年），秦王朱樉屢屢犯下過失，終於令老父的忍耐達到極限，下詔召他回京。秦王頓時感到黑雲壓頂，大禍臨頭。

也就在這一年，朱元璋命太子朱標巡撫陝西等地，一則省觀風俗，撫關中之民，一則實地考察遷都西安的可行性。太子還奉有密查秦王過失的使命。幸好太子寬仁友愛，回來替秦王講了好話，秦王才免於罰責，放回封地。朱元璋以太子之言而開釋秦王，也是為了令諸王感德，並尊崇太子權威之意。

如果不是朱標死得早，他一定會順順當當繼位，傳子傳孫，而歷史也將改寫：燕王朱棣將只是一名普通的明初藩王，默默無聞，靖難之役將不可能發生，也不會遷都北京……，這種影響定然是連鎖放大的，可惜我們無法描繪一幅本不存在的歷史畫卷。

朱標在巡視陝西時得病，在回京後的第二年，即洪武二十五年（一三九二年）四月病故，終年三十八歲。

懿文太子朱標，出生於他父親率部渡江，建國大業發生重要轉折的那一年。明代謠諺說：「不怕水中魚，只怕岸上豬。豬過水，見糠止。」講的就是老「豬」渡江占領建康（見糠）的好處。

朱元璋聽說長子降世，歡喜至極，命人在山上刻下大字：「到此山者不怕無嗣。」欣悅之情盡布於此。

這孩子如福星降凡，自打他呱呱墜地，朱元璋打江山就順風順水，一路好風，直把他送上金鑾殿。故此朱元璋很疼愛這個孩子，一心栽培他，在他六歲時，就讓他師從著名儒士宋濂，習學經書。十三歲，爸爸稱吳王，立他為吳王世子；第二年，老子做皇帝，他也隨之升一階，被冊立為皇太子。這一年朱標才十四歲。一直到洪武二十五年（一三九二年）初夏病死，他始終是儲君，是大明王朝的「國本」和法定繼承人。

須知，儲君也是君，朱標作為皇太子，與諸王之間，不僅是兄弟，也是君臣。朱元璋經常在給兒子們的親筆信件和敕諭中，強調他們大哥將來做皇帝，將如何如何，實際上是幫助朱標確立其權威的一種形式。

朱元璋怎麼也想不到，他花了近三十年工夫培養的繼承人，竟一夜之間，遽然做了空。朱標死後，老年喪子的朱元璋慟哭不已，親自穿上白衣服，為兒子服喪，也不再上朝理事。等到喪期結束，禮部官員請他「釋哀就吉」，脫去喪服，換上龍袍理政，他猶然不忍。八月，朱標被葬於孝陵東側（稱東陵），這樣，待朱元璋百年之後，父子猶可相伴於地下。朱標得到的諡，為「懿文」二字，這就是懿文太子的由來。

在嚴父猜忌殘暴的陰影之下，懿文太子穩居儲位二十六載，恩愛始終不替，地位穩如磐石，這在歷史上是極為少見的。前朝的許多太子，如漢武帝的戾太子劉據，隋文帝的廢太子楊勇，居儲位都不短，然而最終父子決裂，太子身敗名裂。太子們的道路本來是光明的，但許多人就是走不到盡頭，要嘛乖乖地被廢、被殺，要嘛起兵反抗，搶班奪權——好像太子們都不喜歡走正道，而喜歡走歪路、邪路似的。

其實這並非太子們的主動選擇，唐高祖的太子李建成，在玄武門挨的那一箭，是他自己選的嗎？太子們的路，是被種種複雜的情勢逼走上去的！

就說清朝的康熙皇帝吧，他的嫡長子胤礽剛滿周歲就被立為太子，當年輕的玄燁把襁褓中的孩子抱在懷裡，享受初為人父的樂趣時，他想得到將有一日會廢掉這個可愛的孩子？不管胤礽怎麼不爭氣，康熙不是素以「寬仁」著稱嗎？

有的皇帝發起狠來，行事就不像人類。就說南北朝後趙的石虎吧，那是比朱元璋還殘暴的一位主子，他把自己的親生崽太子石宣砍了頭。畢竟是自己的孩子，你縱是處死他，起碼也要給他一點尊嚴吧。但這位太子是被人用繩子穿了臉頰，像牛一樣牽著上斷頭臺的！

由此可見，皇帝與儲君相處，甚為不易。朱標與其父和平相處那麼多年，他有才幹、有野心的弟弟也不比胤礽少，二十多年間皇朝風雲變幻，但他穩當當坐在「副皇帝」的寶位上，任它風吹雨打，我自巍然不動，可見他在政治上有其特別悠長之處。

第十四章　三人之仁不敵一人之暴

朱標一系後來失去皇位，於是在篡逆者所修的「正史」裡，時不時透露一些資訊，說朱元璋對太子並不滿意。不滿之故，主要是朱標為人「柔弱，牽制文義」，不稱一代梟雄之意；又說太子宮中多過失，愈令他老父親不快於心。

「牽制文義」，是說朱標拘泥迂闊，不識變通。至於他宮中有何過失，無論正史野史，都看不到任何記載。但既然官史以宮闈之事相譏，大概是責他好色吧，或許比好色還嚴重些，至有獵色縱淫之舉，甚或因為溺於美色而廢事，乃至戕伐了本根。

懿文太子朱標只活了三十七歲，他在正當鼎盛的壯年，出了趟差，到陝西調查研究，回來就死了，使他老父親數十年栽培之功，一朝盡廢。這只有兩種可能：要嘛他罹患不治之症，要嘛就是內宮生活不太檢點，以致生命根鬚淺薄，稍受些風寒，就受不了。好比後世那位著名的正德皇帝朱厚照，也是三十出頭，到南方巡遊一番，回來就嗚呼了，似與懿文太子同例。且明代皇帝，多年紀輕輕就登了仙，他們的後宮裡肯定藏有什麼厲害的「致命病毒」，這個我們放後文再講。

而所謂「柔弱」，其實是他四弟朱棣，為襯托自己「雄豪」，特地糊了，強安在他頭上的一頂帽子。朱標的兒子朱允炆，不幸垮了臺，在官史的刻畫裡，也被歸入柔弱一流。

「正史」是朱標的壞弟弟和他的子孫們修的，自然免不了要損他幾句；而眾多的野史、別史和民間傳說，卻沒有不說朱標好的。懿文太子的名聲非常之好，基本上可以用成龍主演的一部電影的名字來形容——「一個好人」；在洪武朝一片哀鴻的政治氛圍下，太子朱標仁柔的性情、敢諫的勇氣，令人向慕不已。

朱標總的性格特點，是一個「仁」字。

孔子在《論語》裡，通篇講「仁」，也講仁的境界難以達到。偏偏朱標就做到了仁、被人公認為仁，就是一心奉承篡逆者的史官，也不敢多加他誣詞，竟然也承認他仁，這是不簡單的。

朱標一生行仁，他的兒子建文帝繼承了他的性格基因，結果卻因仁而失國，沒得好收場，不禁令人哀婉嘆息！一般人都是這麼認為的，並在惋惜之餘，責他父子是「仁柔」，等於說仁過了頭，變成婦人之仁了。而篡逆者豢養的史官，則在「仁」後再加一弱字，變成「仁弱」或「柔弱」，說朱標父子一味講仁，全然無用，以譏諷太子這一系的失敗。

明代官史中，懿文太子事蹟非常少，懿文太子的故事，多見於稗官野史。

這些故事，多是講他懷仁重義的。

如說他的師傅宋濂，在七十多歲高齡時，因為孫子被打入「胡黨」（丞相胡惟庸黨案），他也受到牽連。朱元璋不顧舊情，要殺老臣的頭。朱標很傷心，跑去找父親，為師傅求情。但朱元璋異常決絕，一定要殺掉宋濂。朱標見哭諫無效，轉身就走。朱元璋驚問：「你幹什麼？」他卻不答，一邊跑一邊擦眼淚，一副傷心欲絕的樣子。

朱元璋不放心，急忙令兩旁太監跟過去看。只見太子跑出宮殿，徑直奔到玉帶河邊，噗通一聲，跳了下去。

朱元璋萬想不到兒子會拼了性命去救師傅——這不是傳說中的死諫嘛！他是又氣又憐，只好答應饒宋濂一死，改為發配，將老頭兒流放到四川瀘州。

朱標此舉，雖然救師傅性命於一時（宋濂不久就死在了戍地），卻也害死了不少太監。當他墜河時，太監們紛紛跳下河去救，登時一池子落湯雞，在水中撲騰。幸喜太子無礙，濕答答被人拉上來。換了旁人，見兒子無恙，一定大喜，誰知朱元璋腦殼裡的那根筋，就是搭得跟旁人不一樣，當太監們以為立了救駕之功，沾沾自喜，等著封賞時，忽聽傳諭：跳河救人者，予重賞！卻附了個前提條件：只有沒脫衣服跳下河的受賞，那些脫了衣服才跳的，統統處死！

我的天呀！我替那幾個枉死的太監向天籲一聲：還有天理沒有？如果某個太監帶了一支勞力士，他跳河時順手把手錶一摘，又將如何處置呢？

當然，這只是一個故事，我並不認為它是真實的。下面再講幾個，信不信，您自個做主。

一個故事說，因為朱標是長子，出生較早，因此比弟弟們更能體會創業的艱難。他曾聽人講，父皇也不是常勝將軍，他也落魄過（可笑的是，他每次落魄，都有豔遇），有一次為漢王陳友諒所敗，陷入絕境，多虧母親馬皇后不離不棄，咬碎玉齒，生拉活拽，才從死人堆裡逃出來。

朱標聽了，非常感動，就把這故事繪成圖畫，以作紀念。

馬皇后死後，朱元璋經常慘然不樂，越發殺人如麻。朱標心中不安，勸諫道：「誅夷過濫，恐傷和氣。」朱元璋聽了，默然不答，第二天把他召來，將一根渾身是刺的棘杖扔在地上，說道：「來！你把它拾起來。」

朱標稍一遲疑，朱元璋就接著昨天的話頭，拉開機關槍的槍栓——開槍（開腔）了：「你不敢拿，我幫你把刺削平了再傳給你，豈不好嗎？」

朱標是聰明人，馬上領會到父皇是在借棘刺以喻江山大事，連忙跪下聽訓。

「我所殺的，都是天下之險人。」朱元璋道，「我殺他們，等於幫你除去杖上之刺，再交到你的手裡，這是你的福氣！」

朱標叩頭稱謝，嘴上還強：「上有堯舜之君，下有堯舜之民。」看來他是根本沒聽進去，竟然還嘴說：父親您要是堯舜之君，怎麼會有那麼多亂臣賊子。我覺得朱標說的非常好，但朱元璋一聽，勃然大怒，心想這孩子不等於說我是桀紂之君嗎？盛怒之下，他拿起身邊的弓箭便射。

朱標大驚失色，倉皇奔走，朱元璋則一路追射之。朱標在殿柱間躲閃時，身上忽落下一物。朱元璋撿起一看，是太子手繪的一幅圖畫，畫的正是當年打江山時的苦情。那不是已經故去的皇后馬氏嗎？只見她頭髮蓬鬆，衣衫不整，背上負著一人，正倚著一塊石壁，狼狽殘喘。那背上之人，不正是自己嗎？而遠處，漢王的追兵旗影隱約已近。看到這裡，昔日百般辛苦，一齊湧上心頭，朱元璋忍不住大哭起來，就把弓箭扔地上了。

這是個流傳極廣的故事。但我看過之後，沒有立刻在記憶裡打上一個「Received」（照單全收）的印章，腦袋裡卻飛進一副滑鐵盧戰場的畫面。也是死屍成堆，汙血橫流，一個人背著一名未死的軍官，跌跌撞撞、步履沉重地從遠走近。那不是《悲慘世界》中的尚萬強嘛？他是個窮苦出身，沉默寡言，意志堅定，一身的蠻力，用一邊肩膀就能扛起一輛重達千斤的大馬車，一位可憐的農夫就是這樣被他從車輪下挽救了生命。

莫非尚萬強的原型是馬皇后？想到這裡，我啞然失笑了。當然不是！然而我透過尚萬強的事例知道，馬皇后若能背起老公逃避追兵，她應該與尚萬強一樣，除了頑強的意志，還有一身硬邦邦的肌肉。

再說馬皇后就有些不敬了，還是接著說懿文太子。

上面這個故事的主題很明白——太子仁！懿文太子就是如此寬仁的一個人，以致於他的死，也是為仁所累。

有一次，左都御史詹徽侍奉太子審錄京師大獄裡的重囚，太子心慈，喜歡行寬法，死刑改無期徒刑，無期徒刑改有期徒刑……，詹徽卻是個酷吏，每每意見與太子相左，他堅決抵制太子從輕的判決，必欲用重典才甘心。

朱標去找父皇反映此事，誰知父皇偏向詹徽，道：「詹徽所執者，法也。」

朱標就拿治天下當以仁厚為本的道理進諫。他竟然忘了，詹徽所執之法，是誰的法。朱元璋惱了，冷冰冰拋出一句：「等你有了天下，你自為之！」言下之意：你那麼會說，乾脆我不幹了，你來幹吧。

朱標害怕了，倉惶間不知所措，就自投於金水河（這回投水的原因與上回不同）。

朱標機靈地沖個冷水澡，倒讓朱元璋清醒了，深悔話說重了，連忙指揮太監們救援，後來就把氣出在脫衣服救人的太監身上，給他們放血——要涼快，大家一塊涼快！

看官，看到這裡，您是否懷疑懿文太子精神抑鬱，有自殺傾向？怎麼動不動往河裡跳呢？太子這麼喜歡投水，紫禁城裡的玉帶河，真應該加個堤防啊。

朱標到底有沒有跳過金水河，我不知道，但我對他一跳再跳，表示堅決的懷疑。其實啊，金水河在那裡，只是一個道具，不小心被「編導」重複用了，結果戲劇穿了幫。

這故事接著講，太子雖然被及時救起，但還是感疾而卒，死前交代兒子朱允炆：「詹徽殺我，無忘我仇！」他把自己的死，全怪在詹徽頭上，似乎有些不厚道。

詹徽執法嚴厲，以殺人為樂，結果作繭自縛。他後來被打入大將軍藍玉黨案，恰巧碰到皇太孫朱允炆審錄罪囚，他一眼瞥見父親的仇人也在黨員之列，那還客氣什麼！當即命人先砍斷詹徽的手腳，再推出去，戮之於市曹，真是因果報應。

這件事記在王鏊《王文恪公筆記》裡，是一條野史；後來王圻編寫《續文獻通考》，也載入此事，則變成一件「典制」了。

懿文太子朱標不單和詹徽爭獄，為了「慮囚」，他還與朱元璋直接起了爭執呢！

話說朱元璋要殺一個囚犯，太子和他爭，說不可殺。爭之不下，朱元璋扭頭問侍立於旁的御史袁凱：「你怎麼看？」袁凱不是元芳，倒還狡猾，答道：

「陛下欲殺之，法之正也。太子欲宥之，心之慈也。」

殺是執法，不殺是心慈，此說可算圓滿，兩不得罪，兩邊討好。

但這種滑頭伎倆，怎逃得過聖鑒？朱元璋認為他是「故執兩端」，便把這個兩面派關到牢裡，要處死他。得虧袁凱口袋裡不止一個錦囊，他見勢不妙，急忙打開第二個錦囊，在獄裡裝瘋賣傻，讓朱元璋以為他瘋了，方逃過一死。

朱標總與朱元璋意見不合，而行事果決敢殺的朱元璋對太子的「仁柔不振」非常惱火，就命人載了一車屍骸，鮮血淋淋地突然從太子面前拉過，試圖以此激發他。然而朱標見此慘況，不勝愁蹙，唯撫掌連連說：「善哉！善哉！」

這個故事很值得玩味，它說朱元璋不滿太子仁柔的性格，想出那樣殘酷的方式來刺激他，頗合於人們對朱元璋暴虐性格的記憶，更突出了朱氏父子一仁一暴的巨大反差，它是以太子之仁，來彰顯太祖之暴——這也是以上故事的共性。

這就像寫小說，刻畫一個壞人，除了盡情描寫他本人的壞，還要樹幾個好人來陪襯他，才愈發顯出惡人之惡。朱元璋當然夠「壞」啦，暴君在上，酷吏橫行，昏天黑地，暗淡無光，天可憐見，這一時期至少還有兩位大好人！一位是懿文太子，一位是他媽媽馬皇后。

這對母子共同的性格特徵，就是仁慈寬大、重情重義。與懿文太子事蹟較少相比，馬后「慈愛性成」的故事非常多，幾乎都在講她如何濟太祖之暴：每當老公要殺人時，她總能想出各種法子來勸解，既造下無數級浮屠，又不致觸老公之怒，何其完美！

明朝人之所以特別推崇馬皇后與懿文父子（朱標、朱允炆）這三個人，就在於他們是「仁」的，讚美他們的仁，其實就是在貶斥朱元璋、朱棣這對虎狼父子的惡。可見歷史並非全然以成敗論英雄，公道自在人心。

第十五章　柔弱是叛逆者送的一塊匾

朱標、朱允炆父子，在歷史上的形象，都是「柔弱」之主。

他們的父親和爺爺朱元璋，是開國之主，與群雄逐鹿，馬上得天下，自然尚武；朱標父子作為儲君，他們的工作是「守成」，豈可不「柔仁」，以寬恤百姓，培植國本。但仁未必就「弱」，「弱」是勝利者加給失敗者的惡諡，是典型的成王敗寇似的評語。

宣德初年所修的《明太宗實錄》，為了證明太祖對太子朱標的不滿，刻意編造了一段朱元璋夫婦的對話，稱「懿文太子以柔弱、牽制文義，不稱太祖意；又聞其宮中過失」，朱元璋對馬皇后說：

「我與你同起艱難，好不容易才成此帝業，今長子所為如此，將為社稷憂，你說該怎麼辦吧？」

「天下事重，妾不敢與知。」馬皇后答得很爽快，「惟陛下審之。」

朱元璋見馬后無異議，便說道：「兒子們中，燕王最為仁孝，又是文武全才，將來撫國安民，非他其誰？我看好這孩子！」表明自己屬意的繼承人，是第四子燕王朱棣。

馬皇后仍然不置可否，只是趕緊說：「千萬不要把這話洩露出去，否則會給燕王帶來禍患。」

顯然朱元璋在說太子不稱他意時，話頭裡實伏了一根引線，一拉，接下來就該是易儲的話了。但朱元璋自己不說，把球踢給馬皇后，讓她來說。而馬皇后卻把球在胸前一停，又給他顛了回去，說這是天下大事，我哪裡知道，還是陛下您自個審度處置吧。

在這段文字裡，馬皇后基本上就是根電話線，只傳話，自己毫無主張。丈夫要廢她親生寶貝了，她竟然麻木地說「不敢與知」。正是天下重事，所以才要聽你的主意嘛！廢立儲君，是國事，不也是家事嗎？而「惟陛下審之」，倒有幾分慫恿的意思：您看著辦，我沒意見！完全是偏心燕王，一句維護太子的話都沒有。

說到這裡，那個關於諸王嫡庶的話題，就顯出重要性了。假如燕王本是庶子，是冒嫡的小子，不須我駁，這段史文之出於偽造，一目了然。哪有當媽媽的，親生兒子不顧，卻替妾子著急忙慌的道理？這還不是幾口飯，哪個吃多，哪個吃少的問題；太子一旦被廢，搞不好接下來就是一張毒餅管飽——以後再也不必吃了！

史家敢這樣編寫，不怕暴露於光天化日之下，必須有一個前提，即朱棣是嫡子，否則這段文字將因為不符合基本的人情，而遭讀者的識破。

朱元璋夫婦透過這段「對話」，達成共識，都認為燕王有本事，太子是不行的。然而，朱元璋該出手時卻不出手，既然易儲大計已與老婆商定，為何不見執行呢？他不是優柔寡斷的人，凡他下定決心的事，沒有辦不成的，傳承了上千年的宰相他敢廢，手握兵權、動功無數的大將軍他敢殺，為何偏偏在廢太子這件事上，遲遲不見行動？

我們看到的事實恰恰相反，他對太子的委寄不斷加深，將許多朝政託付給東宮處置，百官奏事，需要給東宮另呈副本，他還時刻注意樹立太子在朝臣和皇子們中的權威。

那麼，我們只能得出一個結論，即《明太宗實錄》中那個太子「將為社稷憂」的臭屁，是無德的國史編修官們炮製的，他們放這個空炮，目的不過是為朱棣未來的叛逆正名，補綴一些花邊而已。

實錄中這段記載是有來頭的，它取自朱棣欽定的《奉天靖難記》一書。這本書對太子所犯幾乎危及其儲位的過錯，提出三點證據：

其一，「初，懿文太子所為多失道，忤太祖意，太祖嘗督過之，退輒有怨言」。

「失道」之事，大概仍屬細故，所以《奉天靖難記》沒有擺在展示櫃裡供讀者批判。它還說，太子在遭到太祖多次批評乃至懲罰後，不僅沒有悔改之意，反而在背後說了一些怨氣話。

下面指控就升級了：

其二，太子「常於宮中行詛咒，忽有聲震響，燈燭盡滅，略無所懼」。原來太子不僅發牢騷，還在宮中暗行魘壓詛咒之術，企圖不利於父皇。但人可欺，天不可欺，太子正攥了個穿皇袍的木偶，拿針狠狠地扎，突然一聲巨響，殿內燈燭全滅。這是老天爺給予逆子的警告！然而，太子不畏鬼神，他頂著暴雷，拿起針來，毫不猶豫地向父皇的七寸處扎去……

乖乖偶滴神啊！這不等於說，本朝太子爺就是漢武帝戾太子復生轉世？

還有一條，其三：太子不單紅口白牙地畫符詛咒，他還以「東宮執兵衛」的名義，擅自徵募了勇士三千多人。

東宮要這麼多兵衛幹什麼呢？自然是用來造反的——這是不言之意。

原來，朱元璋說的「今長子所為如此，將為社稷憂」，就是這些。這些黑函一旦採信，懿文太子朱標跑不了要標上一個十惡不赦的謀反大罪，還不滿宮抄斬！

這段內容很可能正是由朱棣親自提供的，他就是希望把大哥朱標打成本朝的戾太子。雖然朱標已經死了，這些當年沒有發射的炮彈——我懷疑他是否敢於向朱元璋提供這樣的黑報告，而懿文太子平安無事，想來他即便把舉報信上交了，朱元璋也沒有聽信他——仍然有用，朱棣把它們夾在欽定的官書《奉天靖難記》裡射出去，就是要讓朱標父子在身敗之後再繼之以名裂。

其實，《奉天靖難記》才是朱棣發洩私憤的詛咒書，裡面很多內容純屬汙口，非常齷齪，尤其是關於建文帝「惡行」的那一部分內容，簡直令人作嘔，這個下文再講。《明太宗實錄》的前九卷，所記是建文朝四年間的事，也就是「靖難之役」這一時期，稱之為《奉天靖難事蹟》（這麼處理，是為了避開建文年號，且以叛逆者朱棣這一方為實錄記事的主角），其內容基本上都取自《奉天靖難記》。但後者在收入實錄時，將扔在朱標父子頭上的爛菜葉都摘掉了，好比上面太子的三條罪狀，實錄裡一個字都沒寫。

可能誣人出於一時的政治需要，不免極力詆毀，不顧其惡劣，而後來在纂修《明太宗實錄》時，則為了照顧「聖祖」形象，不免做一些必要的刪洗工作汙口否則，「信史」愈發不可信了。

朱元璋夫婦「對完話」，遂不了了之，但皇宮裡千門萬戶，門縫就是多，這話不知怎的，還是傳了出去，被懿文太子聽到了。他馬上找來涼國公藍玉，祕密商議對策。

前輩史官真能飛天遁地啊！他們剛偷聽到朱氏夫婦在後宮的密語，馬上收回眼線，又飛到太子宮裡來偷聽了。

藍玉對燕王是極不滿的，不滿之故，史官們也打聽清楚了。原來藍玉在率師北征遼東，凱旋回朝時曾經過燕王的封國北平，便去拜見燕王，贈以名馬，作為禮物。

沒想到燕王竟不給面子，回絕了禮物不說，還不客氣地道：「藍將軍出征回朝，所獲名馬不進於朝廷，先送本王，豈是尊君父之舉？」

此事令藍玉既慚且憤，久久不忘，亟思有以報之。這時聽太子問計，要對付燕王，就說道……看官，容我賣個關子，您猜藍玉當如何說？

您是否會說，那還用問！藍玉定然痛斥燕王，大罵他「癩蛤蟆想吃天鵝肉，你也配」！先寬了太子之心，然後再慢慢給太子想主意。——不對！答錯啦！且聽藍玉如何說——藍玉在聽了太子訴苦後，問道：

「殿下試想，皇上平日裡最愛哪位皇子？」

「最愛不過燕王。」太子答道。

「我也是這麼看的。」藍玉道，「燕王在封國撫安百姓，安靜不擾，很得軍民之心，大家都說他有君人之度。我擔心這些話被皇上聽到，殿下愈發失寵。我還聽望氣的說，燕地有天子氣，殿下宜審之。」

「宜審之」之「審」，是審度之意，當馬皇后聽朱元璋尋思要廢太子時，也說：「惟陛下審之」。這倒好，太子朱標無端又被「審」一回，您說他晦氣不晦氣？

這裡，藍玉倒像是燕王的說客，一會說他是皇上的最愛，一會又說他得民心，封地有天子氣，然後請太子自「審」之，分明是讓太子識時務，掂量自己的分量，早點讓賢算了！

我若為太子，定當跳起來賞他兩記耳光，大喝一聲：滾！

但實錄裡的太子卻緩緩地說道：

「燕王事我甚恭謹。」

太子到底是太子，理解力就是高妙，原來我聽錯了，藍玉那一大篇話竟然不是「好話」，本意還是「速除燕王」。我真沒聽出來。

可是太子雖然聽懂了，仍捨不去婦人之仁，還在想，燕王對我那麼恭順，我要對付他，畢竟於心不忍。

然後藍玉說了一句：「殿下問臣，臣不敢隱，故盡其愚悃耳。惟密之。」結束了這次談話。

這裡又出現一個「密」字。以上兩處場景，兩組對話，就有三處強調要「密」（包括馬后強調的「幸毋泄言」）。可是竟然全部不「密」，都被驢耳朵的史官聽了去。

我尤其奇怪的是，藍玉為何也要說「密之」？他那些話，差不多等於廢話，全似向燕王獻諛；太子雖然嫉妒父親偏愛四弟，亦無一句惡言，還順帶讚賞了燕王之悌（善事兄長）。

既無惡言，又無機密，保的哪門子密嘛！可見史官寫這幾個「密」字，不過是故弄玄虛，把太子、藍玉刻畫成全然無用的角色，受了氣，背地裡連個撞地屁都不敢放，只管說燕王的好話。

以上是實錄所記朱元璋第一次發心易儲，假如它是真的，懿文太子突然死了，不正是千載難逢的好機會，朱元璋還不趕緊令他最愛的燕王入主東宮？可是朱元璋竟然有違史官的好心，放著英明神武的老四不理，偏把太子之子，同樣「柔弱」的朱允炆封為皇太孫。

朱元璋寧可創設一個太孫的名號，也不肯令燕王入居儲位，顯然朱元璋並不像史官的偏詞說的那樣，只「屬意」於老四一人。

新立的皇嗣皇太孫朱允炆，與他父親朱標一樣，仍是「仁弱」者一枚，自然令朱元璋「不滿」——官史裡是這麼寫的。

據《明史紀事本末》云：「皇太孫生而額顱稍偏，性聰穎，善讀書，然仁柔少斷」。謂皇太孫朱允炆頭骨不正，是正位不久，終將失國之像。好像朱允炆失去帝位，是從他一生下來就定好了的。我想，朱允炆額顱稍偏，與史泰龍眼角稍歪一樣，都是從娘肚子出來時，被助產師不小心拉成那樣的，與孩子未來的命運，毫無關係——史先生不成了世界知名的螢幕巨星？

《明史紀事本末》接著舉了許多例子，來說皇太孫如何不得朱元璋的喜愛，如令他賦詩，不中太祖之意；讓他作對，仍不稱旨，文字裡滿是衰敗之氣。而燕王正好相反，不僅詩作的漂亮，對子對得也工整，詞意亦佳。每每如此，久而久之，太祖又動了易儲的念頭。

這些故事不知是哪位冬烘先生編出來的，竟騙了谷應泰，讓他信以為真，當作信史寫入書裡。朱元璋物色大明江山的繼承人，難道是考秀才，哪個詩做的好就由哪個來幹？朱允炆既然被立為太孫，想來詩一定做得極有氣象，難道做了太孫，作詩的水準就像坐滑梯一樣直往下滑溜？燕王早在洪武十三年就去了封國，絕大多數時間都待在北平，偶然上京，也不可停留過久，哪有時間來和終日奉侍在皇爺爺身邊的皇太孫鬥文？可笑到不值一駁，虧得谷應泰還做過一任學政，書讀得也太迂了。

我們看到，朱標、朱允炆父子，作為政治上的失敗者，一方面他們的事蹟遭到刻意的掩蓋，多晦暗不明；一方面他的對手在自己開設的歷史審判庭中，對他們進行缺席宣判，而他們對所有誣詞，都無法辯駁——誰說歷史審判的法官都叫公正？

第十六章　懿文太子的外戚灰飛煙滅

洪武朝皇子之間關係的真相，由於官方正史屢經刷洗和改篡，留下的證據很少。朱家兒郎們圍繞儲位的爭奪，我們只能從片段的歷史資料中去窺測，加以想像力和實際生活的經驗，盡力將這些碎片聯綴起來，從而對歷史人物及其關係進行部分的還原。朱棣在他篡位後，以史書為報復之具，揑詞汙人，造假行騙，然而作案者總不免在犯罪現場遺留痕跡，朱棣對歷史動手動腳，自然也會留下破綻和罅隙，成為我們深入歷史現場的「後門」。

朱元璋的兒子多，年長後多封大國，擁重兵，握大權，位尊地顯，其利益深深地纏繞在複雜多變的政治生態之中，他們手足之間不可能如老父親期待的那樣，兄友弟悌，你謙我讓，一派和諧無爭的桃源景象。

上文說到，明太祖和明太宗《實錄》中，刻意偽造了太祖朱元璋不滿意長子朱標，而屬意於第四子燕王朱棣的情節。這正好暴露出朱棣不甘心做王子，覬覦儲位的野心，至於父皇一心看好他，則屬於典型的意淫，是借史書自慰，在這個意義上，一些歷史書不是也可歸入「黃色小說」之列嘛？

朱棣想當皇帝，是主觀意願，主觀唯有與客觀配合好了，夢想才可成真。但現實常常是殘酷的，不隨人願，且令人沮喪，這就需要有人來做點心理疏導工作，好提振一下有非分之想者的士氣。朱棣就有這樣一位心理醫師，此人姓姚名廣孝，法號道衍。

洪武十五年（一三八二年）八月，馬皇后去世，親王們紛紛來京奔喪，朱元璋打算選幾位高僧，陪侍諸王，為皇后誦經薦福。有人向朱棣推薦了道衍和尚，這是二人相識之始。

道衍雖為釋子，卻有經世之志（在中國，有心經世的和尚最多了，所以現在僧界的董事長和代表、委員多得是）。可能因為道衍和尚入世之心太重，沒法沉下心來念經修行，其實他的佛法並不很純，所學相當駁雜，好比他一個僧徒，卻向一個道士學手藝，得到他祕傳的陰陽術數之學。

早年間他遊嵩山，曾遇到當時著名相士袁珙。「哎呦！」袁珙一見之下，先呼一聲。「這是哪裡來的一位異僧！來，讓我瞧瞧。」說時把住道衍的衣袂，上上下下打量，隨口就將道衍和尚的尊容，用他相面大師的口吻複述了一遍：

「大師你目如三角，形如病虎，性必嗜殺，將來必為劉秉忠之流也。」

原來姚廣孝長著一對難看的三角眼，要是今天，搞不好需要去韓國整容，挑成一雙丹鳳眼，上臺演小生，妝都不用化才好。形如病虎，不知是何形態？大概被武松打暈了的那隻老虎，眼冒金星，四腿歪顫，差似一隻病虎模樣吧。從袁珙的相貌描寫來看，姚廣孝生得一點都不精神，然而，在他肺癆鬼的外表下，卻掩藏著殺人狂的勃勃精力。

看官！一個出家人，有人上前打個拱，贊他好殺人，有成為連環殺手的潛力，您說這是誇他嗎？然而姚廣孝聞之，竟然「大喜」——足見其為人呢！

「性嗜殺」的姚廣孝，如今被推薦到殺人魔王朱棣的幕下，兩人自然談得來，不止談得來，還相當投機，所以馬皇后喪事完畢後，燕王就奏請讓姚廣孝隨他回到北平。

姚廣孝到北平後，仍然披著袈裟，在慶壽寺做住持。《明史》說他常「出入府中，跡甚密，時時屏人語。」

野史說，是姚廣孝自請追隨朱棣的，他大打包票說：「我將奉一白帽子與大王戴！」王上加白，即是「皇」字，這是拿大位為誘餌，誘惑親愛的四王子呢。

這一情節為《明史紀事本末》採信，還是《明史．姚廣孝傳》的作者較為謹慎，沒有輕信採納，只說兩人來往甚密，經常打發開旁人，說些悄悄話。經常讀史的人都知道，「跡甚密」、「屏人語」，在史書裡幾乎等同於密謀造反的同義詞。

袁珙在相語中提到一個劉秉忠。此人是元初的一位和尚，得到蒙元世祖忽必烈的賞識，被提拔做了大官。蒙古國改國號為「元」，就是劉秉忠據《易經》「大哉乾元」之意，向忽必烈建議而被採納的。元帝國的都城和心臟：大都，也由他設計並主持興建。劉秉忠的經歷與姚廣孝很相似，他們一樣出身衲子，一樣入世很深，都得到當世之主的賞識拔擢，建立世俗的勳業；死後，一個追封趙國公，一個追封榮國公，都是光鮮鋥亮的「公爵大人」。

但是，他們之間橫有一道難以跨越的鴻溝：劉秉忠奉侍的是天子，天下是他的舞臺；而姚廣孝追隨的只是一名藩王，不管他有多麼傑出的才能，也只能局促於北平一隅，無論如何是難以望劉秉忠之項背的——除非，朱棣有朝一日，與元世祖比肩。顯而易見，袁珙說姚廣孝將是劉秉忠一流，等於說他侍奉的燕王，也將得到天子之位。

然而，姚廣孝若為了趕超劉秉忠，就冒失地向朱棣進言，要送他一頂白帽子，則未免自視過高了。難道他以為僅憑他在茅廬裡拿根筷子畫一畫，就可以分「天下」一杯羹？憑他一人之智力，就可以扭轉整個歷史的走向？我想，姚廣孝不是騙飯吃的望氣家、風水先生和氣功大師，他不至於如此荒唐。「白帽子」一說，只是後人的編造而已。

但當削藩之火突然燒起來時，智慧充足的姚廣孝一定成為燕王朱棣的「心腹謀主」，這是無疑義的。

姚廣孝到北平，是在洪武十五、六年間，「燕國」的建立才二、三年時間，燕王朱棣年甫二十三歲，正當「少年壯志不言愁」之時。而他的哥哥朱標，做儲君已經十六年了。皇太子是國家儲副，儲君也是君，君臣之分甚嚴，也就是說，老四見到大哥，先得行君臣大禮，然後才能敘兄弟之情。朱棣憑什麼輒敢覬覦太子之位，試圖動搖國本？

不是說朱棣無此賊心與賊膽，而是說他須識時務，在他實力未張、根株未壯，而太子深得父皇信任，為舉朝推戴，地位穩如磐石的條件下，他縱然賊心如炬，賊膽包天，亦不至於造次，他必須小心地偽裝作一個恭謹的弟弟和謙卑的臣子。

朱棣與姚廣孝這兩個野心家固然會經常「屏人語」，發洩一番對時政與太子大哥的不滿，但絕不會採取實際行動，貿然開啟奪嫡之路。

皇太子朱標，他最大的政治資本是父皇的信任，以及嫡長子繼承制這樣一個基本的政治原則。兩者結合，又使他獲得群臣廣泛的擁護，即所謂「天下歸心」。

由於上面壓著一位強勢且苛刻的父親，朱標的性格一定是極為隱忍、低調和退讓的。儘管如此，東宮的存在，仍然會吸附眾多的擁躉和投機客，蜜蜂與蒼蠅嗡嗡而至。

歷史上，東宮（又稱東朝）與內廷的矛盾，多緣起於此，導致正「當陽」的皇帝與等待即位的太子之間產生不可調和的矛盾，甚者爆發父子相戕的悲劇。朱元璋為了避免覆轍的重演，想了一些辦法，如過去太子都自辟僚屬，東宮有自己的輔臣班底和侍衛軍隊，容易在皇權之外形成另一個權力中心和效忠體系，他便令朝中大臣兼東宮之官（詹事府、春坊等官），相當於我們今天說的「兩塊牌子，一套班子」。這樣，東朝與內朝合為一體，難分彼此了。

婚姻在任何時候都是一種黏合劑，使不同國家、家族和家庭之間形成鞏固的利益結合。朱元璋也透過聯姻，與幫他打江山的好漢們強化了君臣關係之外的私人聯繫，他為兒子們挑選的媳婦都是開國功臣家的女兒，而勳閥之家又交互締姻，從而形成複雜的人際網路。

朱元璋為太子朱標一下子娶了兩房媳婦，正妃常氏，是鄂國公（追封開平王）常遇春的女兒，常氏是洪武四年（一三七一年）冊封為皇太子妃的，此時常遇春已死，常家勢力一落千丈；繼妃呂氏，是太常寺卿呂本之女。與其他諸王的外家皆為世勳名將（公侯伯、都督）相比，皇太子妃的父親只是一介文臣，格外引人注目。

朱元璋這樣安排造成的一個顯而易見的情勢是：東宮缺乏強有力的妃家支持。

在洪武中後期錯綜複雜，又極端殘酷的政爭與殺戮中，一些諸王的妃家受到各種黨案的牽連，須知「革命不是請客吃飯」，朱元璋對這些親家翁毫不客氣，一概請君入甕，盡數鋤除。但對親王則予以保護，除了潭王兩口子投火自焚外，其餘諸王的政治地位都沒有受到影響。

皇太子的岳丈常遇春有二個兒子，長名茂，次名昇。論親戚，他們是東宮的小舅子。常遇春死後，常茂所承之爵並非其父的鄂國公，而是改封為鄭國公，也是「公」的級別，食祿二千石。

常茂娶了宋國公馮勝的女兒，兩個「國公」家結成親家，由此馮勝與太子也攀上了轉彎親。但常茂與岳父馮勝的關係並不好，洪武二十年（一三八七年）時，常茂跟隨馮勝出征遼東，翁婿兩人發生了激烈的衝突。馮勝告女婿的黑狀，誣他激變元軍降眾，常茂也不客氣，立即予以回擊，大揭老丈人的不法之事。官司打到朱元璋那裡，朱元璋的做法是左邊三扁擔，右邊扁擔三，命人收回馮勝的總兵印信，不許這位得勝的大將軍還朝，打發他到鳳陽私第閒住，「自是不復將大兵矣」；常茂則被安置到僻遠的廣西龍州，不是充軍，也等於發配了。四年後，常茂死在了貶謫之地。

常茂無子，由弟弟常昇襲爵，但所襲又不是鄭國公，而是再次改封為開國公。

在洪武後期，作為皇太子的妻弟，常昇與其他勳臣一樣，數次奉命出京練兵。他是怎麼死的？因何而死？死於何時？明實錄沒有記載。按照他的地位，常昇如果是正常死亡，國史應該是有記載的，並且還應該為他做一篇小傳，作為官方的蓋棺定論。實錄無載，透露出常昇並非「善死」的資訊。

有記載說，常茂在建文時還活著，還與魏國公徐輝祖一起，在浦子口力戰，共同抵禦靖難之師，直到永樂初年才死去。還有記載說，常昇在洪武末年被牽連進藍玉黨案，有人告發他聚兵三山（地名，在中國南京西），準備回應藍玉，因此被誅。

在今存洪武二十六年（一三九三年）敕編的《逆臣錄》中，我們發現了常昇的身影。

《逆臣錄》是藍玉「謀反」案發後，由朱元璋命儒臣編集的涉案人員的口詞供狀，其中出現了常昇的大名。原來洪武晚年，那些苟延殘喘，還未被殺的公侯們，再也不能握兵了，只能幹些監造海船、燒窯、運糧、修棧道之類的雜差。

常昇在洪武二十六年四月，正當朝廷大殺藍黨之際，以堂堂開國公的身分，奉命提調三山等處窯場，做了一個窯子頭。擺明是受了舅舅藍玉的牽連，被下放改造，監督勞動。

常昇泊船於江寧鎮河口，有右軍都督王誠剛好從薄山「點坯」回來，上船來見（這位也是失意者，在窯場點數燒出的磚坯，與新任窯頭兒常昇有工作上的聯繫）。二人談過公事，在船後梢喝酒閒話，話題不由得轉到藍玉謀反案來。常昇道：「我舅舅這件事謀不成，倒連累了許多好頭目。」

王誠嘆道：「當初眾人只望他做得成來，不想敗露了，看起來只是天數。」

常昇道：「當初舅舅也曾與我、景川侯（曹震）說這事。後因他上四川，我往山西，不曾再得一處商議。如今他們都犯了，案中必然也有我的名字。上位（指朱元璋）多是看在親上頭，容隱著哩！」

他又對王誠說：「你也曾去相望我舅舅商議來，久後好歹把我們都結果了。」王誠一聽，愁壞了。

常昇說的親，是他姐姐曾是太子朱標的太子妃。莫說這位姐姐已然過世，就是活著，依皇帝的脾氣，遲早還是要把他們「都結果了」。說起這事，常昇憂慮盡露於言表，他思忖著：「做個什麼見識，躲避得這場大難。」王誠寬慰他：「且熬將去，慢慢地理會。」吃完苦酒，各自散訖。

不久王誠父子被捕，嚴刑之下，供出開國公常昇也是藍玉的同謀，口詞就是上面這段對話：常昇承認他「舅舅要反時，也曾通他」。王誠的兒子還供稱，常昇曾來家探望，發牢騷說：「如今親的、故的既都誅戮了，我久後也罷了！」後來又說：「我如今要做事業（指造反）時，只是無人。」口供是隨著用刑之深，愈來愈重的。

作為懿文太子的外戚，常氏一族，受藍玉（請注意，藍玉也是太子的親信）黨案的牽累，在洪武二十六年，即太子去世的第二年，遭到了滅頂之災。

第十七章　親上加親沒能保住藍玉的命

洪武年間誅除功臣元勳，主要是靠兩大「反朱集團案」，一是洪武十一年（一三七八年）丞相胡惟庸謀反案，一是洪武二十六年（一三九三年）的藍玉謀反案（簡稱「藍案」，又與前者合稱「胡藍之獄」）。許多人被殺，都是由這兩案做的套。其實二案中許多人都是冤死的，他們甚至連兩案「首犯」胡惟庸、藍玉都不認識，糊裡糊塗就被處死了，還連累了家族，老婆孩子沒官為奴，宗黨流配，家產查抄。

藍玉是常遇春的妻弟，少時從常遇春起兵，在姐夫的栽培下，逐漸嶄露頭角，積功升至大將。雖然藍玉也是開國將領，但他的崛起要稍晚一些，由於戰功卓著，他在洪武十四年（一三八一年）受封為永昌侯，正式跨入勳貴的行列（明朝首次封侯是在洪武三年）。

洪武二十年北征遼東元朝殘部時，藍玉還是馮勝的副手，馮勝被奪職後，才由他接掌大將軍印信，成為數十萬大軍的統帥。此一役，藍玉展示了傑出的軍事能力，他率領北征大軍，深入朔漠，一直打到捕魚兒海（今中國、蒙古邊境的貝爾湖），大獲全勝而歸，從此威名振天下，他亦因功進封為涼國公。

然而功高適足以招禍，朱元璋經常有意地對藍玉進行敲打與壓制，動輒下敕訓斥、切責他，為小事就給予他降職處分，令這位大將軍蒙羞。

洪武二十六年初，春節剛過，南京城裡，人們還沉浸在節日的氛圍中，懶散的心徜徉在那個與世無爭的祥和世界。突然間，一件驚天大案毫無徵兆地就爆發了！

正月裡，錦衣衛指揮蔣瓛忽然「告變」，告發大將軍藍玉謀反，藍玉因此被捕下獄，並很快遭到處決。藍玉的供詞將景川侯曹震、鶴壽侯張翼、舳艫侯朱壽、定遠侯王弼（楚王妃父）、東莞伯何榮及吏部尚書詹徽等一大批勳戚高官牽連進來，還有五軍都督府、親軍衛所的眾多中高級軍官。朱元璋根據獄詞，照圖索驥，株連蔓引，據說族誅者達到一萬五千人。

那幾個月裡，簡直殺紅了眼，許多家庭遭到血洗，藍黨之獄也成為朱元璋「二次革命」或「繼續革命」光輝勝利的主要標誌。

一般政變，或政治性的屠殺，受害者只是政敵及其家族成員。如果朱元璋大興胡、藍黨獄的目的只是誅除政治對手，替他的繼承人削去政權荊條上的棘刺，那麼這種殺戮應該是有限度的、輕度的，而不是濫殺。然而，朱元璋透過胡、藍二次黨獄，實施了以京師南京為中心的無限擴大化的大屠殺，波及範圍主要在江南一帶。

朱元璋殺人，不以法律為準繩，那麼是否以事實為根據呢？從《逆臣錄》公布的近千名「罪犯」的供詞來看，案件線條粗疏矛盾，錯漏百出，許多「藍黨」是在嚴刑之下被人亂咬出來的。有人想，橫豎是個死，不如請皇帝和錦衣衛幫我報一下私仇吧！遂借機供出平生之仇家。而刑訊者根本不需要真贓實證，他只求口供，而口供一到手即信，這就是典型的「逼供信」。那一萬多名受難者，就是這樣，愈滾愈大，最終被碾成粉末，這是真正的白色恐怖！

藍玉黨案現在公認是朱元璋一手策劃的冤案，他本想透過公布一部分獄詞（然而作為案首的藍玉，其供詞沒有收錄），向天下人表明：我非濫殺，所殺者皆天下之巨賊！可是，因為那上千份的供詞根本經不起考察，反而暴露了他濫殺的本質。朱元璋很快發現這一點，下令將《逆臣錄》全部收回銷毀，但收繳未盡，民間仍有孤本存世，幸喜有此漏網之魚，我們今天對洪武朝的腥風血雨，才多了一些真實的了解。

藍玉的姐姐嫁給了常遇春，常遇春之女被冊立為皇太子妃，作為太子的妻舅，藍玉與東宮關係密切。另外藍玉還是蜀王朱椿的岳父，他本人既是勳臣，又是皇親。

作為與太子親近的朝中大將，藍玉與燕王朱棣關係緊張。

藍玉甫任大將，就與朱棣發生了矛盾。前文說過，當藍玉征遼回兵，經過北平時，送了燕王一匹名馬。這本是一番好意，俗話說，當官不打送禮的，不料朱棣卻擺譜道：「馬未進朝廷而我受之，豈所以尊君父。」不僅不收禮，反而拐了彎罵藍玉目無君父。

朱棣是否一直是那樣一副道學面孔？非也。他其實是個富於權謀而缺乏信義之人。那時，朝鮮國遣使臣上京朝貢，皆走陸路，由遼東入關南下，要經過北平。朝鮮使臣為了表示對燕王的尊重，特地到燕府拜訪。朱棣在談話中問：「你家國王為何不送馬於我？」使臣信以為真，回去奏知國王，下次再來時，專門備了幾匹鞍轡齊全的好馬送給燕王。

馬本是朱棣主動向人索要的，但他接受了禮物，反將此事奏聞於朝。就這像官員向開發商索賄，收到賄金後，卻向紀委舉報，您說他這是為何？

朱元璋本來就對朝鮮國是否真心歸誠懷有疑心，接到燕王密奏後，愈加懷疑該國結交藩王，深藏禍心，便下敕切責：「朝鮮王何得私交？」並將朝鮮使臣全部流放到雲南邊衛。朱棣檢舉有功，掇了個好彩頭，這不就是傳說中「以他人的血染我的頂子」嗎？

這件事發生在洪武二十八年（一三九五年），幾年前，當藍玉贈馬時，大概朱棣還沒養成後來的老謀深算，否則他大可假裝高興接受藍玉的饋贈，然後以其不尊君父、私交藩王為詞，背後狠參他一本，才夠藍玉吃一壺的呢！

不管怎樣，朱棣以「尊君父」這樣冠冕堂皇的理由拒絕藍玉的好意，令藍玉非常難堪；而且他也聽出來，朱棣的語氣裡暗含著嚴重的指控。據夏燮《明通鑒》所記，藍玉回朝後在太子跟前搬弄是非，說「臣觀燕王在國，陰有不臣心。」太子聽信了藍玉的讒言，對燕王頗有微詞，被朱棣知道了，更加記恨藍玉。

這段記載大抵出自夏燮的推測之詞，但他洞穿了朱棣與藍玉之間複雜關係的本質：藍玉是太子一黨，自然令燕王深惡痛絕，不僅存心給他小鞋穿，機會到了，還必欲除之而後快。

洪武二十五年（一三九二年）夏，太子朱標去世，藍玉的後臺垮了。朱棣來朝為兄奔喪，即在剛剛痛失愛子的老父面前大講勳臣的壞話，說「諸公侯縱恣不法，將有尾大不掉之憂」。朱元璋深感孤立，由是越發疑忌功臣，於是「不數月而（藍）玉禍作」，「列侯以下坐黨夷滅者不可勝數」。

大概朱棣是以「藍玉可憂」為話柄來進言的，因為藍玉是洪武後期最為重要的將領，也是所存國公中唯一還握兵出征，並在軍中擁有廣泛影響力的勳臣。拿他開刀，並由他牽引進旁人，最後一鍋端，應是對功臣下手的不二法門。

在《逆臣錄》裡，記載藍玉曾放過一句狂言：「我不堪做太師耶？」《逆臣錄》沒有交代前因後果，而《明史・藍玉傳》將此事放在洪武二十五年藍玉西征還京後。

此次出征，藍玉又獲大捷，朝廷給他加官太子太傅，他卻嫌官小，抱怨道：「我征西征北受了多少辛苦，如今取我回來，只道封我做太師，卻著我做太傅，太師倒著別人做了！」

太師應是太子太師的省稱，宋國公馮勝、潁國公傅友德做的正是太子太師，顯然藍玉是表示不服老一輩英雄馮、傅二人，不甘位居其下。

可是挾大功而還、心高氣傲的藍玉，並沒有鞏固主上的信任，反而加劇了對他的猜忌，朱元璋經常故意駁回他的一些建議，讓他很沒面子。

朱元璋就是要讓藍玉當眾出醜！他的邏輯是，藍玉有大功，回朝後卻沒有得到相應的獎賞，相反還有失寵的跡象，他一定會怏怏不樂，暗懷對朝廷的不滿，久之必將不利於朝廷。這是朱元璋為藍玉鋪下的一條謀反之路，在這條路前方不知什麼地方，他已為藍玉安設好了一隻巨大的捕獸夾。

在《逆臣錄》裡，眾多的「藍黨」供詞印證了朱元璋對藍玉「心路歷程」的判斷；據藍黨供述，藍玉對朝廷是既不滿，又不安，這些年來，為了「胡黨」的事，公侯一家家被廢，使他產生了強烈的危機感，而最近他的親家靖寧侯葉升又出事了，擔心招出他也是胡黨，因此犯下疑心病，他常對部下說：「只怕早晚也容我不過，不如趁早下手做一場。」

心懷不滿，又感覺大難臨頭的藍玉，準備豁出去幹一場，於是約同諸將，打算趁朱元璋出都城舉行藉田禮時下手謀反。

以上便是《逆臣錄》提供的藍玉謀反「路線圖」。當然啦，全出於「逼供信」，其可信之度數，比汽水的酒精度還低。

好比供詞中那個所謂的「謀反計畫」，最後只落得一個紙上談兵，藉田禮都過期了，也未見實行。難道藍大將軍會只制定作戰計畫，而不懂得迅捷實施嗎？

且說藍玉未敗之前的諸多不滿，假如都是真的，卻正好表明藍玉無謀反之心。試想：一個想當皇帝的人，會斤斤計較是做太師還是做太傅？會因為一個虛銜，而不服老前輩馮勝、傅友德，平白為自己樹敵？例如傅友德的加銜，亦不過太子太師，與太子太傅級別相同，都是從一品的宮銜[3]，只是排序在前，上朝排班時稍占一些便宜而已。

我不信作為大將軍的藍玉，眼孔如此之小，城府氣度如此之淺窄。況且，說他因為奏事言多不從，便心中怏怏，也不是確鑿的證據，多半屬於朱元璋神經病發作：故意駁人家，還懷疑被駁者心裡不服，進而又猜人家會不會因為不服而造反。這是瘋子的邏輯，沒法跟他辯的。

反正後世是沒人相信藍玉謀反的，如《國榷》作者談遷就說：「虎將粗暴，不善為容」，驕縱或有之，但「非反也」。至於藍玉是否真如官史說的那麼驕縱，無法無天，就很難考證了。

有人認為，太子朱標之死，是促成朱元璋下大決心，再次大興屠戮的關鍵因素。為什麼呢？因為新立的皇太孫朱允炆年紀尚幼，怕他無法駕馭群雄，所以決定在自己死之前，

3 宮銜包括太子太師、太子太傅、太子太保及太子少師、太子少傅、太子少保，分別稱為「東宮三師」（從一品）與「東宮三少」（正二品）。他們是名義上的東宮輔導官，但並不在東宮任事，只是一種加銜。

將隨他打天下的英雄好漢們一起帶走。然而此說不盡能成立，說太孫年幼，其實也不甚幼了，已經是二十多歲的小夥子，並且已經生子；朱元璋怕他駕馭不了群雄，但也沒啥「雄」剩下了，除了藍玉，馮、傅兩位國公皆廉頗老矣，早已不再理事，而那些做侯、做伯的，多是些二三流人物，太祖擔心他們鬧事，實在有些多餘。

有個故事講：朱允炆見慘殺太甚，大為不忍，就勸諫祖父，少殺些人，為朝廷存些元氣，也少一些戾氣。朱元璋聽了，默而不言，次日把允炆叫來，將一根長滿荊棘的木杖扔在地上，命允炆拾起。見允炆面有難色，朱元璋才指著教具，細細開導他：「我殺人，就是為了削去杖上的棘刺，再交給你呀！」

這故事是上一種觀點的具體化。

看官，是否有似曾相識之感？對，這故事已講過一次了，只是上次的主角是太子朱標，這裡換作了朱允炆。這個有鼻子有眼的故事，其實不過是後人編的一個寓言。試想，朱元璋在後宮進行這樣的「鐵血」教育，能不避人？怎麼就被史官偷聽到了？朱元璋即便講過類似的話，他也不願意這些密語被人聽去記下來。

朱元璋在晚年無緣無故再興慘殺，實在是不好解釋的。但有一點是肯定的，即朱元璋這麼做，加劇了朝廷空虛、外強內弱的狀況，給未來皇太孫的統治，造成相當不利的形勢。

坐藍案而死者，有公侯、文武大吏，以及偏裨將卒「達二萬人，蔓衍過於胡惟庸案」——「於是元功宿將相繼盡矣」。至朱棣起兵奪位，朝廷沒有大將好用，不得不起用當代趙括，只會紙上談兵的紈褲公子李景隆，結果造成皇朝傾覆的大難。因此可以說，藍玉黨案在洪武晚年的爆發，朱棣是最大的受益者。因此有人深疑，藍黨之案，朱棣正是其幕後推波助瀾的黑手。

第十八章　老天爺幫忙，晉王死了

朱棣與藍玉過不去，甚至構陷藍玉，是否是他爭嗣計畫的一部分呢？我們不知道，懿文太子朱標生前是否有能力保護藍玉，但可以確知的是，太子的去世，加速了以藍玉為首的黨案爆發，其間僅僅過了九個月。

朱標生前，太子之位堅如磐石，而他遽亡後，儲副之位開缺，立時野心家們慾望大張，包括朱棣在內的王子們，躍躍欲試，亟欲填補這一空缺。我們無法根據異常殘缺的史料還原真相，唯能依據片段的史料，嘗試做一些拼湊和推測。

試舉一王為例，清人查繼佐《罪惟錄》記了這樣一件事：當皇子們辭別父皇，將離開京城，各赴封國時，朱元璋賜每個兒子玉帶一圍。皇子們紛紛在殿中將玉帶束好。朱元璋令他們轉身，要看背後的飾物。皇子們都順從地轉過身，背對著父親，唯獨老十二湘王朱柏一人不動，他只是將玉帶轉到前面。朱元璋奇怪地問他為什麼，朱柏答道：「君父不可背也。」

背在這裡是個雙關語，然而，我就不信老十二就從未背對過他的君父！湘王這般特立獨行，顯然是巧思英發，意圖在父皇面前討巧。

作為二十四個兄弟中的十二皇子，湘王年紀不大也不小，幾乎沒有爭嗣的任何可能，甚至無法在眾多皇子中引起父皇的特別關注。他這麼做，十足的矯情做作，討取父皇歡心的意圖再明顯不過了，必然引起兄弟們的反感。但老十二毫無忌諱，偏要標新立異取寵，突出自己，令兄弟們尷尬露拙。

由此例可以想見，朱元璋能幹的兒子們，在表面尚還平靜的微瀾下，隱隱滾動著何等的驚浪。

對於年紀尚小（湘王時年僅十五歲），封地又在內地荊州的湘王，尚且躁動如此，雄踞一方、手握重兵的強藩大國如燕王者，其野心將何等蓬勃難捺，則很容易想像了。

懿文太子在世時，朱棣知道自己毫無希望，雖然不甘心，也只好關起門來，與姚廣孝等人談些天文地理，逞些口舌之快；而長兄的突然薨逝，彷彿枯井中湧起巨浪，他的奪嫡之志一下子噴薄上天了！

各懷心思的王子們是如何積極運動的，我們無法詳悉，但從朱標在洪武二十五年四月去世，直到九月份才正式立朱允炆為皇太孫，在近半年的時間裡，儲位一直虛懸，而朱元璋已是六十五歲的老人，身體每況愈下，他豈可一日無「國本空虛」之憂？這或許顯示了太子之位爭奪戰的激烈，以及朱元璋本人的反覆權衡和舉棋難定。

朱棣難以遏止內心澎湃的慾望之浪，但他登上嫡位的前景並不樂觀。第一個現實障礙就是在他之上還有二哥秦王朱樉和三哥晉王朱棡。在洪武二十五年四月到九月的那段時間裡，他無法預知，秦王會死於洪武二十八年三月，晉王會死於三年後的又一個三月。等到他侄子建文帝即位時，他已經是叔輩諸王中的最年長者了。

命運就是這樣奇譎多變，當他的老對頭晉王朱棡在洪武三十一年（一三九八年）三月去世時，朱棣只輕呼一聲痛快，卻不曾料到，晉王之死，實際上是老天爺為他掃除了向帝位進軍的最大障礙。

朱棡是朱棣的三哥，封地在山西太原。《明史》對這位皇三子的描繪是：「修目美髯，顧盼有威，多智數。」作為年長的「塞王」，晉王同樣受到父親的重寄，在洪武後期多次統帥大軍出塞並主持北邊練兵、築城、屯田等事務。

晉王是燕王的兄長，軍事才幹與其不相上下，在多次軍事行動中都充當統帥，節制燕王等王（對此，實錄又造了假，見下段）。然而這兩兄弟長期不合，如果晉王在世，燕王想有任何異動，都不得不認真考慮威脅其側翼、實力強大的晉王。

晉、燕兩兄弟不合，在朱棣欽定的《明太祖實錄》裡供認不諱，自然也是一概偏向朱棣的。

晉王與燕王為何不合？實錄是這麼解釋的，說晉王探知父皇欲在諸王中另擇賢能為嗣（其前提應是太祖已經厭倦太子），而父皇屬意之人是燕王，他心生不平，說：「我是兄，燕是弟，憑什麼是他！」因妒生恨，二王遂生了嫌隙。

同樣由朱棣欽定的《奉天靖難記》裡，提供了更細一點的情報，稱晉王聽說太子失父皇之意，他自己想幹，遂自信地說：「異日大位，次當及我。」於是私自準備了「乘輿法物」等天子儀仗，藏在五台山。後來事情漸漸外露，晉王害怕了，就派人放了一把火，連房子帶法物一起燒毀。他的妄想至此失敗，但從此「性益猜忌，醜聲日聞於外」。

《靖難記》接下來羅列了許多晉王「慘酷」的「事實」，說晉王好弄兵，擅殺人，一日無事，忽以軍馬圍住一村落，盡屠無罪民戶二百餘家；他還豢養惡犬，以觀狗咬人為樂，狗不咬人，他就殺狗，被咬死的人中，有許多小孩子。而晉府中無人敢諫，因為晉王說了：「誰諫我殺誰！」

在《靖難記》裡，晉王朱棡完全是一隻自戀且狂暴的野獸。這是燕王系的一偏之詞，自不可信。本來朱元璋「注意」於老四燕王，就是朱棣這一系的自說自話，易儲之事更屬子虛烏有，晉王吃的是哪門子醋？我想太原的晉王吃的是山西老陳醋，燕王偏說他吃的是自己的醋。

我對此的解讀是，晉王獲悉燕王有不臣之心，他選擇擁護太子，從而與燕王結下了樑子。

晉王以後屢有打擊燕王的舉措，《明太祖實錄》記了二王之間發生的一次衝突：「晉王與上（朱棣）皆來朝，上有疾，晉王數以語見侵。上內懷憂畏，疾增劇，遂懇求歸國。晉王密遣人伺察上國中細故，將聞於朝。」

二王在南京見面時，爆發了當面衝突，晉王挾兄長之威，「數以語相侵」，逼得燕王招架無力，只好藉口生病回北平。但晉王怒氣猶未消，祕密差人到燕王國中，刺察燕王的過錯，好向父皇告發。可見兩兄弟的矛盾已經擺在檯面上了。

洪武二十三年（一三九〇年）春天，朱元璋命晉王率師西出，燕王率師北行，兩路並進，同征北虜乃兒不花。

下面是《明太祖實錄》的記載，說晉王素怯，兵既行，不敢遠出。燕王久待之不至，就自己率軍直抵迤都山，突襲虜營，擒獲乃兒不花以下名王、酋長男女數萬口，羊馬駱駝無數。而晉王恐燕王立功，先期遣人馳報太子，說燕王不聽約束，勞師冒險。太子將此話轉奏於太祖。不久，晉王私自退兵，太祖知道了，很不高興。燕王的捷報卻到了，太祖大喜道：「燕王清沙漠，朕無北顧之憂矣。」太子卻在旁酸溜溜地說：「晉王雖未深入，然張聲勢，有犄角之助，燕王亦未可獨為功。」又誣燕王得善馬不進。太祖皆不聽。

這段文字活脫脫是一個只顧埋頭幹事業的好漢遭嫉賢妒能小人無端誣害的故事。此事的真相我們不去管它，但這條記載透露出的一些資訊，值得關注：首先，晉王既然告燕王不聽約束，顯然此次兩路出師，晉王是主帥，燕王只是副帥。這與實錄所說太祖獨倚賴燕王是不同的。事實上，按照洪武末年諸王用兵的慣例，都是按兄弟們的年紀（而不是所謂才能）來確定主、副之次，晉王居長，他一定是主帥，燕、遼、寧等王，則只能居於副帥的位置。這一點，實錄完全隱去，反而故意暗示，燕王才是大軍的統帥。

其次，晉王是太子的人，所以他把燕王不聽約束、擅自進兵的情況直接報告太子。而太子輒按其報告向父皇奏稟，又替晉王說話，不令燕王獨占功勞，都是壓制燕王的意思。如果這一情節屬實，則太子對桀驁陰鷙的燕王已有所警惕和疑慮，而晉王是他的得力助手。

在洪武末年，軍權集中於諸王的背景下，太子從晉王那裡得到的支持，其有效性是遠遠大於藍玉的。因為根據朱元璋確定的衛所軍制，大將出征，臨時從衛所抽調兵馬，回朝則將兵馬散歸本衛，大將軍平常閒居，只是一雙空拳。親王就不一樣了，他們不僅能夠節制封國內的衛所軍馬，還各自擁有一支實力強大的精銳護衛武力（一般是三個衛的軍力）。

所以太子對晉王多方保護。當時有人告發晉王「性驕，在國多不法」。朱元璋大怒，將晉王召上京來譴責，虧太子力請，才得到寬免。《奉天靖難記》對此頗灑了一些筆墨，說晉王挨了訓，跑去見太子，請求太子幫忙轉圜。太子滿口答應，說：「你的所作所為，父皇焉知？還不是燕王打的小報告！」晉王聽信了，從此與燕王的關係便不好了。

晉王經常在太子前「極詆」燕王之過，幫助身處深宮的太子搜集燕王的醜聞，太子得到資料後，就拿去報告父皇，說什麼燕王曾經見到龍，自言當有天下云云。燕王聽說太子、晉王處處與己不利，驚訝道：「我謹事長兄，自度無所失，何得有是言？」就跑去向太子剖白心事，辯白自己絕無非分之心，可是太子怒氣猶然不解。

這就是朱棣所說「太子與晉王深相結交，構媒孽」的經過。

作為從小嬌生慣養，年紀輕輕即享盡尊榮富貴的親王，晉王肯定不是謙謙君子之流，他在封國內也確實有一些過失（但在朱元璋眼裡，肯定不是什麼大不了的事，因為在《明太祖皇帝欽錄》和《御制紀非錄》裡，晉王幾乎沒遭到嚴重的指責）。洪武二十四年

（一三九一年），太子為秦王的事，巡視陝西，經山西回京，晉王隨之來朝。朱元璋借著痛批秦王，把晉王也譽叱了一番，晉王歸藩後，「自是折節，待官屬皆有禮，更以恭慎聞」。

晉王死在朱元璋之前，此時朱元璋已經給他二個兒子贈了謚，一個叫湣（秦王），一個叫荒（魯王），都不是佳謚，還有一個自殺的潭王沒有謚號，而他給晉王的謚號為「恭」，應該是對此子的一種肯定。晉王恭於誰呢？他恭於父皇、恭於太子。

晉王歸國後，因罪被扣押在京的秦王，也經太子救助，得到赦免，保住了爵位和封國。作為兄長，太子為人友愛，對於驕縱的弟弟們能夠寬仁相待，並盡力在嚴父之前加以調護，使其免除或減輕罪責，從而確立了在兄弟中慈兄的威望。我想如果燕王意圖侵太子之位，秦、晉二王那裡就過不去；朱標、朱允炆父子擁有秦、晉兩大強藩的支持，如果北平有任何異動，朝廷出師征伐，朱棣都不敢反抗，因為他將面臨朝廷與強藩的共同圍剿，是沒有任何勝算的。

但太子朱標的突然去世，以及秦、晉二王的相繼隕落，使一切不可能都變得可能了。

在太子初薨的那段時間裡，朱棣知道，即便父皇真的最愛他，儲君之位也不可能呈一個拋物線，繞過前面兩位兄長，落在他的頭上。朱元璋如果想把皇位傳給第四子，他必須首先解決「理論依據」的問題：他這麼做的根據是什麼？作為開國皇帝，他一旦這麼做了，將對後世形成什麼樣的示範效應？這是他不得不考慮的。

朱棣父子後來在實錄裡編造了許多燕王雄邁、深為太祖夫婦所喜的記載，其實是宣揚「傳賢」說。遠古實行「選賢與能」，重在繼承者的個人能力；而嫡長子繼承者，重在帝位延續的穩定性。朱元璋深知，如果依其所好，在兒子中擇一繼承人，其結果必將是大明皇朝未來的繼承人，都將由皇帝憑一己之私愛而決定或改易，那將造成皇室內部無休止的劇烈爭奪，啟動內宮干政之源，這與他一貫宣導的宗室「親親」理念是不相合的。

經過反覆權衡，他終於下定決心，遵循他在祖訓裡一再重申強調的嫡長子繼承制，讓朱標的嫡子朱允炆填補儲位。儘管朱棣父子極力汙蔑朱允炆的柔弱失德，渲染他必將失國的種種預兆，然而在朱元璋眼裡，孫兒不僅穎慧好學，還是一位至孝的孩子。懿文太子病勢嚴重時，皇孫才十四歲，但他侍父之疾，就像一個成年人，晝夜不離病榻。當太子終於不治時，這孩子哀毀得幾乎失去人形。這深深觸動了老年喪子的祖父之心，朱元璋撫著他的頭，忍不住流淚說：「爾誠純孝，顧不念我乎！」

九月，朱元璋正式宣布冊立朱允炆為皇太孫，國本遂定，冒似燕王朱棣失去了他看到卻沒能抓住的唯一機會。

第三卷

北邊起風塵

第十九章　太祖皇帝被御用史官寫成老年癡呆

洪武二十八年（一三九五年），朱允炆十八歲，朱元璋親自為皇孫操持親事，與他父親一樣，朱元璋為孫兒選擇的，依然是一家普通官員家的女兒。

關於允炆的婚事，《明太祖實錄》僅一句話：「冊光祿少卿馬全女為皇太孫允炆妃。」允炆妃馬氏之父馬全，是大明王朝的第一位國丈（國母皇后之父才可以稱作國丈），其人的資訊即盡於此。據《明史．后妃傳》說，馬全在建文四年燕軍入京時，不知所蹤，大概不是自殺就是被殺了。

朱元璋不從勳閥之家，而是從士人之家為皇朝的兩代繼承人擇配，很可能是從防止外戚干政的目的出發。然而，妃家沒有勢力，固然能避免重蹈東漢的覆轍，但這是一把雙刃劍，由之而來的問題是：當帝室面臨覆頂之災時，亦無法從妃家獲得有力的支持。

皇太孫妃是濠州人，與老朱家同鄉；她姓馬，與太孫的祖母同姓。巧的是，明王朝的皇帝姓朱，它的頭兩位皇后，都姓馬。朱與馬配，合婚時可能屬於佳偶吧。我從網路搜尋的結果是：豬配馬，「是懂得享受幸福的一對」，不知對不對？

朱元璋之所以選擇馬氏之女為孫媳婦，是否存有大明的第二位皇后必須姓馬這樣一種希望呢？這樣一個羅曼蒂克的猜想，有沒有，只有問朱元璋本人了。

太孫妃在過門的第二年即誕下皇子，朱元璋在耄耋之年，復得弄璋之喜，抱上了嫡重孫兒。

這孩子定名文奎，與他父親允炆的名字沖犯了一個字：文、炆字近而音同。這並非擬定「睿名」的禮部官員的疏忽，因為太祖早在祖訓裡，已經為東宮及各親王位下子孫各擬下了二十字的「派」，規定日後生子生孫，名字皆為雙名，每一世名字中的上字，即派兒，是定好的，不能變，下一字則在請名時，由禮部臨時選擇，然後付宗人府，編入玉牒。

朱家子孫終日無事，坐食皇糧，所以生育率非常高，而名字已限定一個字，另一個字還要講究五行相生（依木、火、土、金、水的順序），這就使宗人中出現許多重名，沒辦法，只好生造些新字，隨便一個字胡亂加個偏旁，就是名兒了。所以明代宗室的名字是非常令現代出版社頭疼的，許多字無法輸入，需要用專門程式另「造」——然此造與彼造卻不同也。

朱元璋預先編定了二十代子孫名字的頭一個字，並說，待二十世滿，再為續添，永為定式。我們來看東宮與燕王兩房下的擬名：

東宮位下：允文遵祖訓　欽武大君勝　順道宜逢吉　師良善用晟

燕王位下：高瞻祁見祐　厚載翊常由　慈和怡伯仲　簡靖迪先猷

東宮位下，第一輩的頭字為允，如生於洪武十年的皇太孫朱允炆，及其弟允熥、允熞、允熙；第二輩的頭字即文，如皇太子文奎、其弟文圭。但允文允文，不就是允炆嗎？東宮位下子孫的頭二個字，就和皇太孫朱允炆的名諱衝撞了。還有呢，允炆即位後，定年號為建文，又犯一字。這在許多馬後炮專家看來，都是不好的徵兆。

燕王這一系自朱棣乃世有「大寶」，從他兒子仁宗朱高熾之「高」，到崇禎帝朱由檢之「由」，也不過歷了十世，就嗚呼哀哉、亡國大吉了。我曾經偶然看到秦王朱樉的後人成立了宗親會，這是有利於「收族」的好事，只不知有沒有朱元璋或別的親王後人的宗親會？我想，明朝末年，各地宗藩慘遭亂兵流賊的大屠殺，不是星散，便屬孑遺，改宗換姓的也不少（如八大山人，有多少人曉得，此公是朱家子孫？）；入清以後，對前朝宗室，先還優待了一陣子，很快就改弦易張，也大殺起來，復經朱三太子等人頂著朱家後人的名義反清復明，「我是大明洪武皇帝之子孫」簡直成了就義者才敢呼的口號。

要把斷了的弦再續起來，著實難也！

言歸正傳。朱允炆的長子朱文奎，生於洪武二十九年（一三九六年）十月，他是朱元璋的嫡派重孫，老年的朱元璋也享受了四世同堂的樂趣。如果含飴弄孫，能稍稍減弱他的殺性？那才阿彌陀佛，善哉善哉咧！

文奎二歲時，朱元璋去世，皇太孫朱允炆繼位，改明年為建文元年（一三九九年）。

隨即冊封皇太孫妃馬氏為皇后，授金冊、金寶；長子文奎，冊立為皇太子；三個弟弟分別封吳王、衛王、徐王。朱元璋做皇帝前，曾自封吳王，允炆之五叔周王朱橚，最初也封吳王，這是吳王爵號之第三見。

建文三年（一四〇一年）十一月，小馬皇后生下次子文圭。「圭」之於奎，少了一個「大」，這就像當時朝廷與四叔燕王的戰事一樣，日行日蹙，越來越小，幾個月後，燕軍打過長江，解放全中國，大大的江山真的弄丟了。此字亦非吉祥！

總之，朱允炆父子的姓名，大大的古怪，被某些精明的預言家認為這是太子一系享國不久的證據。

同室操戈，同根相煎，用文一些的話講，叫「兄弟鬩於牆」，語出《詩經．小雅．棠棣》。詩名裡有一個「棣」字。朱元璋的公子，名字裡都帶木字旁，其中排名第四，封為燕王的，正是一個「棣」——如果懿文太子朱標也像某些史家那樣能掐會算，他一定會感覺到，弟弟這個名字，才真是一個不妙的惡兆。

洪武三十一年（一三九八年）閏五月十日，朱元璋駕崩於大內西宮，享年七十一歲。遺詔內容很簡單，除了說「皇太孫允炆仁明孝友，天下歸心，宜登大位。內外文武臣僚同心輔政，以安吾民」，主要就是後事的簡單安排。關於外藩諸王，遺詔說：「諸王臨國中，毋至京師」，要求親王們在各自封國內「哭臨」，不許到京師來奔喪。

十六日，朱元璋入葬於早已建好的孝陵（今南京孝陵），諡曰高皇帝，廟號太祖——將來凡講到什麼太祖皇帝、高皇帝，都是這位老先生。

朱元璋從死到葬，在短短六天內完成，一朝開國之君的斂葬似乎稍嫌促急了些，這為後來燕王指責建文帝不孝，留下了口實。

上引遺詔出自清修《明史》，而《明太祖實錄》並未收錄此詔，因為朱棣根本不承認這有個詔書，即便有，他也一口咬定出於偽造，根本不可能是太祖真實意思的表達（這個真實意思，經他一攪合，算是只有鬼知道了）。

朱棣甚至指責建文帝是矯詔即位。

《明太祖實錄》在重修時，便順著朱棣的意思來編纂，該書對朱元璋臨死前的情節，是這麼介紹的——

乙酉這一天，太祖崩於西宮。太祖素來身體強健少疾，等到病發，仍然每日臨朝處理政事，不倦如平時。但見病勢漸漸加劇，焚香向天禱告說：

「壽年之久近，國祚之短長，子孫之賢否，惟簡在帝心，為生民福。」

禱罷，即差宦官去北平召燕王還京。燕王接詔，立刻南下，剛走到淮安，被用事之奸臣矯詔阻還，然而燕王不知其為偽詔。

太祖病體日沉，見燕王總不來，他不停地問左右：「第四子來未？第四子來未？」對其他的事，不置一詞……。

要我說，這只是個故事，豈可當真？它講朱元璋在臨崩前，有召燕王還京之舉。如果朱元璋此舉意在令燕王繼位，則與遺詔稱朱允炆「天下歸心，宜登大位」相違；如果他只是想念第四子，欲於闔目前一見，則同樣與遺詔令諸王「勿至京師」的要求齟齬。故此，實錄寫入此節文字，必然要刪除與其內容不合的遺詔。

實錄告訴讀者，太祖皇帝平素身體健壯，發病了仍堅持上朝理政，直到快不行了，才開始考慮「子孫賢否」的問題，在請示過上帝同意後，即派太監持金牌、符驗去召燕王來京。

此處用的是「曲筆」，它雖沒有明寫召燕王何事，但讀通上下文，便知是令第四子來承繼大位的。而朱允炆皇太孫名分已定，這麼寫的目的是告訴人們，朱元璋臨終又燃起易嗣之心，還是想把皇位傳給燕王，而建文帝違反皇祖之命，阻回燕王，才是「矯詔」的篡逆行為——這是典型的賊喊捉賊。

在這裡，史官們喊出了那個時代的最強口號：皇位本來就是我的！

明朝的制度，是誰居皇太子、皇太孫之位，誰就是法定的大位繼承人，擁有「儲君」、「儲貳」的大名分。國不可一日無君，太子或太孫是國之根本，相當於副皇帝，正主兒一旦「不諱」，將立刻由他接管國家最高權力，所以又稱「國本」。朱允炆在洪武二十五年（一三九二年）九月被立為皇太孫，至此已經六年。朱元璋既然身體健康，頭腦清楚，沒有發生老年癡呆的症狀，怎麼忽然在要升天時，把皇太孫撇在一邊，試圖另起爐灶，請燕王來添亂呢？

燕王朱棣接莫須有之旨後，迅雷南下，卻不想在淮安被「用事者矯詔」勒還。用事者，就是指在朝管事的人。朝廷管事的，應是皇帝，有了皇帝他還來管事，此人必屬權奸。所以「用事」不是一個好詞，一般都分配給太監王振、劉瑾、魏忠賢這些人，而朱棣所指，是兵部尚書齊泰、太常寺卿黃子澄等建文帝的親信大臣。

這位「用事者」趁朱元璋病重，假傳聖旨，將興沖沖趕來即位的燕王攆了回去。而他的老父親為奸臣蒙蔽，一直到快「掛」不住了，還一個勁地問：「老四來了沒？老四來了沒？」而皇太孫就奉侍在病榻旁，卻「言不及他」，對國事沒有任何的交代，只顧嗽嗽亂叫「老四來了沒」，豈非精神病發作？幸虧史官老先生們還有「知止」之心，編到此處就剎住了，否則明太祖的後宮也要留下燭影斧聲的千古謎案了！

編造的東西總容易露出馬腳，實錄囫圇拉雜的記載經不起推敲，如它說朱元璋病勢來得急，才命人去召朱棣，然而使者北行，朱棣接命後從北平南下，怎麼也要一個月時間，待朱棣騎抵淮安時，皇太孫早已繼位了。《明史》纂修官朱彝尊就指出，「謂用事者矯詔卻還，當在是年之秋也」。而到秋天時，建文帝已迫不及待地對叔叔們下手了——燕王，你還敢來嗎？

以上情節在宣宗朝修成的《明太宗實錄》裡也略有涉及：

太祖不豫，遣宦官召燕王。王已至淮安，皇太孫與齊泰等密議，詐令人齎敕書符驗令王歸國。太祖快不行了，問左右：「燕王來未？」連問三遍，無人敢對。

情節與《明太祖實錄》大體一致，而細節有所豐富：將「用事者」坐實為兵部尚書齊泰，更指出「矯詔」出自皇太孫（建文帝）的指使。

當然，勝者為王的「歷史」，是不可信的。《明史》就沒有採用這些內容，棄之不用，即是對其真實性的否定。

事實上，朱棣直到占領南京前，從未對皇太孫繼位的合法性提出過質疑，他數次給朝廷上書，皆稱朱允炆為帝，自稱為臣。他肆意篡改歷史，都是在他登基後授意史臣所為，作為勝利者，他現在可以把躺倒的失敗者當塊抹布，隨便擦他的髒鞋了。

實錄這麼編寫，意在指出，朱元璋真正屬意的繼承人是燕王，至死不渝。在《明太宗實錄》裡，史官們還編造了這樣一個故事：

洪武二十五年四月，皇太子朱標薨後，朱元璋召侍臣密語——看官請看，又是一次被曝光的「密語」。我們不妨想像一下，不是經常有人給我們講一些祕聞嗎？言者裝得神乎其神，好像是他專門指派中情局特務打探來的。其實呢，不過是些流言蜚語，裡面還夾雜了許多他自己的創作。

且聽朱元璋密談時怎麼說，他未開口先一聲嘆，然後緩緩道：「長孫允炆少不更事，而主器必須得人啊！」隨即道出衷腸：

「朕欲建燕王為儲貳，以承天下之重，庶幾宗社有托。」

「若立燕王，將置秦、晉二王於何地？」

翰林學士劉三吾先反問道，然後說：「且皇孫年長，可繼承矣。」

劉三吾所答，正是燕王「皇帝夢」的最大苦惱，太子雖死，他上面還有二哥、三哥呢，況且此時的皇孫已非童稚，而是風華正茂的少年了。

太祖也覺這一關絕難克服，只好「默然」，但實錄隨之追寫道：

這天夜裡，太祖焚香禱祝於天說：「後嗣相承，國祚延綿，惟聽命於天。」於是立允炆為皇太孫。

朱元璋在決大事時的焚香一禱，令人印象深刻。前文講他病重時，也曾禱告於天，說了類似的話。這些情節實際上在暗示：太祖皇帝立允炆為嗣，實出於無奈，只好聽天由命，但他相信法力無邊的老天爺一定會做出最佳安排，將他最為心愛的乖寶寶老四燕王送上寶位。

朱元璋一邊花六年的時間用心栽培聰明仁德的皇孫，一邊卻在心裡隱伏一個至願，並不斷禱告上天，請老天爺幫忙除掉皇孫，讓他最喜歡的燕王即位，這不是很搞笑嘛！

第二十章　朱四爺在媽媽夢裡得帝命

記述太祖朱元璋時期歷史的官修國史是《明太祖實錄》，這本書歷經三修：初修於建文朝，永樂篡奪之初，下令重修，九年之後又復修訂，如今的流傳本就是這一稿，之前的兩個本子已經失傳了。

經過三修的「實錄」，當然不夠「實」了。學者認為，朱棣兩次修改實錄，主要就是改動與「靖難」（燕王與朝廷的軍事對抗，他自稱「靖難之役」，而朝廷一方則稱「平燕之役」）有關的史事。如果我們能看到建文朝的實錄，那裡面的「燕庶人」朱棣，一定是個驕恣狂悖之徒，罪行昭彰，屢遭太祖皇帝訓責，最後終抵於失敗。然而不幸的是，天子從寶座上跌落了，那麼歷史也要隨之翻盤，反轉過來重寫。

於是在今日所見的實錄裡，悖逆的燕庶人朱棣，一變而為英武無比、生有祥瑞之兆的神人。

《明太祖實錄》本是記他老子朱元璋的史書，裡面也常塞進老四的私貨，如實錄記朱棣初生時，有「雲龍之祥」，馬皇后「甚異之」。馬皇后曾經做過一個夢，夢中回到開基創業的時代，一天帶著孩子們，在原野中猝然遇到一群帶著紅巾的盜賊，颯颯一下子就圍上來。

馬皇后在夢中大恐，眾孩兒嚇得哇哇亂叫，只有老四朱棣不驚不慌，牽過坐騎，扶母親上馬，自己躍馬相從。小子如此，已經很不簡單，尤其怪異的是，馬后夢中之賊一見到朱棣，皆「辟易遁去」，竟然逃得一乾二淨，馬皇后這才帶著孩子們從容回還……，然後就醒了。

儘管這只是發了個夢天，然而從此馬皇后乃「獨鍾愛於今上（朱棣）焉」。朱棣就是命好，在別人夢裡都能撿到便宜。

以上是實錄的記載，清人毛奇齡《勝朝彤史拾遺記》又有補充，在「獨鍾愛之」之後，說到：馬皇后對自己做的夢，從不對人言，只是從此心裡只愛老四朱棣一人。等到朱元璋膩煩太子「柔弱」，發牢騷說：「此子非繼體之人也」，她才適時地道出這個異夢，仍提醒老公「勿洩」天機——「其後卒有靖難之事」。毛奇齡據此認為，靖難之役是上天註定的。原來四王子出類拔萃，得天命之符，是早在他媽媽的夢裡就有了徵兆的！

朱棣初生時，《明太祖實錄》說有「雲龍之祥」，《明太宗實錄》是這樣記的：「上初生，五色滿室，照映宮闕，經日不散。太祖高皇帝、高皇后心異之，獨鍾愛焉。」

兩本實錄，一個說「雲龍之祥」，一個說「五色滿室」，雖然都是大貴人的祥瑞之兆，但畢竟不同，在後修的《明太宗實錄》裡，那條「雲龍」不知跑哪兒去了，代之以異常老套的「五色滿室」。若看官不信，請去讀明清小說，小兒生時發光是描寫貴人出生的常見格套，就像描摹美女一定要說她如花似玉一般。

《明太宗實錄》說朱棣這位「五彩祥童」一出生，他爸媽就偏了心；《明太祖實錄》則說是馬皇后做夢後才偏心的，然後拿夢來遊說夫君，兩人才一齊偏了心。

是否諸王之中，只有燕王一人赳赳出眾，餘皆萎靡不振，不堪造就？是否諸王皆敗德有過，唯燕王一人絕無皇子的嬌戾之氣？說實話，自這位「文皇帝」經官史洗禮重生後，已經找不到相關的史料來做參證了。

前文講到，在重要史料《明太祖皇帝欽錄》和《御制紀非錄》裡，記錄了朱元璋親自揭露的諸王們為非作歹的種種過失，卻沒有關於燕王的任何記事。這要嘛是燕王在洪武朝較為謹慎，沒有明顯的失德行為；要嘛是他即位後，兩書的輯錄者出於忌諱，將凡關涉「今上」的不好內容都抹除了。

問題是：據朱棣在《奉天靖難記》中的自述，太子、晉王、藍玉等人都進過他的讒，三哥晉王甚至還派人到北平，專門刺察、收集他不法的證據，顯然還是有許多對燕王不利的小道消息傳到朱元璋的耳朵裡。但他為何不置一詞？

朱元璋對兒子們的關注，並非是「抓大放小」，像秦王夜宿城樓、園子裡建假山，晉王寫信議論人物，齊王拔刀砍鳥這樣的小事，都惹得朱元璋大驚小怪，大做文章，難道燕王竟一點這樣的過失都沒犯過？相關史料應該都被刷洗掉了。

《明太祖皇帝欽錄》中有一條史料引起了許多學者的關注，那是洪武三十一年（一三九八年）五月十二日的一條記事，文如下：

「說與晉王知道，教陳用、張傑、莊德預先選下好人好馬隄備，臨陣時領著在燕王右手裡行。」

文中的晉王是晉恭王朱棡之子、第二代晉王朱濟熺，老晉王朱棡已在二個月前去世了。陳用等人，是都督、都指揮等武官，當時在山西，受晉王節制。

學者多認為這是朱元璋在臨終前為防止朱棣生異心而做的一種軍事安排，令晉王濟熺布置兵馬，在北平的西側牽制燕王。

我認為，這是對史料的過度解讀。事實是，朱元璋在臨終前，既沒有一個勁念叨「第四子來未」，也沒擔心第四子會起兵奪嫡，而做出這樣不可思議的措置。

事情的真相不過是當年四月，朱元璋調遼東、北平、山西諸路兵馬，備禦當年秋天蒙古可能的入侵（稱「防秋」），按照洪武末以來的慣例，封地在北邊的燕、代、遼、寧、谷諸塞王，都要率軍出征，分別充任正副統帥，節制總兵以下將領及都司衛所兵馬。這條記事（它實際上是一種私信性質的敕書）不過是令晉王濟熺調陳、張、莊等部兵馬在西邊（右手）策應，與各邊呼應聯動，形成長尾蛇勢。

假如朱元璋深悉燕王有叛逆的行跡，他要做的應是速召燕王回京，加以訓誡，而不是採取兵戎相見這種他最不願意看到的形式。

在朱元璋去世前，他已經把多數兒子封到各地為王——這是他精心下的一盤棋，諸王藩府與管民的郡縣、管軍的衛所並存的分封制度基本成型。

各地藩王雖然不裂土臨民，但王爺們體尊位高，節制文武，擁領重兵，據天下要地，形成盤根錯節的強大勢力。將來老皇帝死去，在新天子的治下，他們能否服從朝廷的約束？如果朝廷彈壓稍嚴，是否會引發像七國之亂、八王之亂那樣的大禍？誰的心裡都沒有底。

皇太孫朱允炆作為皇朝未來的繼承人，他是怎麼想的呢？

《明太宗實錄》說皇太孫早已生出削藩之心。他還未即位，已深憂皇叔們倚仗「尊屬」（輩分高），將來不服他的約束。一天他坐在東角門，和心腹太常卿黃子澄等人談話，遽然說道：「我非先生輩，安得至此！然皇祖萬歲後，我新立，諸王尊屬，各擁重兵，何以制之？」

這是要討論將來的宗藩政策了。此時朱元璋尚在世，這是異常敏感的話題。黃子澄卻輕飄飄地說：「此不難處置。」

皇太孫道：「請言之。」

「諸王雖有護衛之兵，僅足自守。朝廷軍衛犬牙相制，若有事，以天下之眾臨之，其能當乎？」

黃子澄說的很有道理，過去從未有過藩王在一個朝代的極盛時期造反成功的先例。藩王實力縱強，他所守的也不過是一隅之地，朝廷以天下大兵臨之，不是如泰山壓卵石嗎？

「漢代七國之亂，列國並非不強大，但最終不免於滅亡，這是因為以大制小，以強制弱，其勢必然不支。」

黃子澄以古擬今，信心十足。

皇太孫聽罷，底氣也充足了，說道：「茲事終仗先生矣。」

這是《明太宗實錄》的記載，為許多書所轉引，視之為信史。

然而看官明鑒！文中皇太孫一開口，便知這段對白定屬偽造。

皇太孫說「我非先生輩，安得至此」，換成白話文就是：「我若不是先生們，哪裡坐得上儲君之位！」好像他做儲君，名不正言不順，撿了老大便宜似的；它對應的正是永樂朝官方的「歷史解釋」：太祖的本意在燕王，卻被一幫奸臣從中阻撓，壞了好事。實錄在這裡借已死的朱允炆之口，自證他得國之僥倖。

東角門是紫禁城前朝正門奉天門（即紫禁城午門內廣場正對的那座大門，是御門聽政之所）東偏的小門，是出入內廷的主要孔道，並非隱祕、可以密談的好去處。那時朱元璋還沒死，皇太孫就開始公然討論改變其主要政策，並打定主意，一旦諸叔反抗，即用兵剿滅，難道就沒有一點忌諱？

朱允炆坐上儲君之位，那麼多人（如燕王）心存不滿，一定密布眼線，隨時伺察太孫的不是，他即使要與黃子澄議一議，也一定不會讓人隨便聽去。況且黃子澄作為朝廷大臣，豈敢公然與儲君交接，私議政事？且所議的還是朱元璋最為忌諱的「離間親親」，他不想活啦！按祖訓的規定，是要誅族的！

所以，這番對白，應純屬編造，意在揭露朱允炆違背祖制，其削藩之心，由來已久。建文帝哪裡想得到，他生前被四叔奪了皇位，死後還要被四叔的子孫綁架，說出許多違心的話。這些話還不少呢，見下文。

建文帝父親懿文太子在世時，東宮是諸王們的長兄，而現在諸王卻是東宮的叔輩。為了適應這一變化，朱元璋在洪武二十九年（一三九六年）重新擬定了諸王見東宮儀制，規定諸王來朝，先朝見於外廷，與東宮行君臣之禮，然後相見於內殿，行家人之禮。固然皇儲地位尊顯，但朱元璋同時強調諸王們的「尊屬」（輩分之尊），讓允炆向諸王們行叔侄之禮。這表明，到朱元璋的晚年，他對自己大力推進的分封制度，依然充滿信心，沒有絲毫的懷疑。

朱允炆被迫低頭，心中實不服，但他不敢向祖父說起他心中的隱憂，更不敢公然拉臣下來私議。一切，都待他即位之後再說吧！

第二十一章　開刀削藩

上文講到，《明太宗實錄》憑想像編寫了一段建文帝與黃子澄的東角門密議。它為什麼可信，成為無人質疑的信史？乃因建文君臣所議的道理甚是淺顯，一般人都看得明白，並堅信：如果新朝雷厲風行推行新政，改變太祖的宗藩政策，裁抑親王的權力，將是「削藩（解決尾大不掉之藩鎮）——藩亂（或不亂）——平藩（解決權力太重的宗藩問題）」這樣一個過程，其間可能出現波折，但天下一統、皇朝萬年、堅如磐石的大局不會變。

這是歷史的經驗，也是天下大勢運行的規律，不管燕王朱棣有沒有在王冠之上再加戴一頂白帽子的野心，這個道理他不可能不明白的——造反，未易輕言也！

朱元璋死後，朱允炆迅速組織親信大臣撰寫太祖遺詔，其中最主要的內容，都是針對諸王的：

第一，諸王不必來京，各自在國中哭臨；

第二，王國所在地方，文武吏士只許聽朝廷節制，惟王府所領護衛官軍聽王指揮。洪武中，諸王權勢極重，無論是封國周邊的朝廷守臣，或公差路過的文武大吏，都必須朝見親王，行君臣大禮；諸王不僅專制國中，還干預地方用人及政務；即便是朝廷調兵遣將，需要徵發諸路兵馬，也須關白親王，並用諸王為統帥。而根據遺詔，諸王從此只能節制本府所轄三護衛兵馬，地方文武官吏不准再聽王府「令旨」行事了。

朱允炆還未正式登基，已亟不可待地借先帝遺詔削奪諸王大權，明眼人都看得出來，新天子不久還將有更大、更為激進的動作。朝廷內外眾多的投機客看準這個飛黃騰達的機會，開始霍霍磨牙，準備狼噬那些尊貴的王爺們了。

果不其然，很快就有人紛紛出首，告發諸王煽動謀亂的逆跡。

洪武三十一年八月，五皇叔周王朱橚第一個倒了楣。

周王是朱元璋很疼愛的一個孩子，他的封地不在寒苦的北方，而在較為富庶的大城開封。與沿邊手握雄兵的塞王相比，周王開國於中原腹地，是最沒可能造反的王子之一。然而朝廷很快接到周王有「異謀」的告密資料，而且這份黑函竟然來自朱橚的次子汝南王朱有動。

以子告父，孰謂不信？

朝廷如獲至寶，當即作成定案，遂祭出削藩的第一隻雞。

建文帝首先向周王下手，可能是偶然的（汝南王告變），也可能是精心挑選的結果。

洪武三十一年（一三九八年）六月間，朱元璋剛剛斂葬，戶部侍郎卓敬就上密疏，請裁抑宗藩——這真叫人走茶涼，「洪武大帝」才升天，他那一套馬上不靈，大傢伙都圍著新的核心轉去了。

建文帝並沒有公開表態，採取了「不報」，即不做任何答覆的方式加以冷處理，但背地裡卻與「同參國政」的親信大臣齊泰、黃子澄等人緊鑼密鼓地商議削藩大計。

當時親王封國有約二十個，實力有強有弱，王子有賢有無德，在下手的順序上，齊、黃二人意見不一。齊泰的意見，是先削燕，因為「燕（王）握重兵，且素有大志，當先削之」，強者既去，弱者自然披靡，不在話下。而兼任翰林學士的黃子澄則顧及到師出有名的問題，他說：「周、齊、湘、代、岷等王，在先帝時，多行不法，削之有名。今欲問諸藩之罪，宜先從周王始。」

他特別強調：「燕王預備已久，輕易難圖。周王，是燕王同母之弟，削去周王，等於剪除燕王的手足。周王既去，燕王可圖矣。」

黃子澄說「周王是燕王同母之弟」，是朱棣身世之謎中的一條關鍵證據：因為燕、周如果同母，則燕王必非嫡出。朱棣的身世已經討論過了，這裡我們來討論黃子澄之見高不高明？

建文帝最終採納了他的意見，然而他的高見，平心而論，卻是毫無意義的空談。好比他說燕王早有異志，輕易難圖，若先削周王，等於去其手足，則燕王可圖。這是什麼邏輯？好比街頭小鬼結夥打架，這一夥見那一夥的頭頭著實厲害，這邊廂便商量：我們避開他，先上幼稚園把他弟弟揍一頓，這樣他就好收拾了。於是這一夥拋開主要對手，一起去招呼幼稚園的小朋友。結果將如何？可能益挑其兄之怒，狂怒著來復仇，拳頭雨點落下，更猛更烈。

黃子澄所見，不就是如此嗎？周王並沒有什麼實力，他即便是與燕王同心同德的親弟弟，差不多也就是幼稚園裡一稚童，剪他不剪，有什麼關係！

今天我們作事後觀，建文帝採納了黃子澄的建議，結果失敗了，似乎朝廷下了一步臭棋；然而，問題在於，假若朝廷採納的是齊泰的建議，也未必一定就能成功。

決定成敗的因素非常之多，並非只取決於削藩的步驟。當戰爭開始後，黃子澄所預言的，以天下之眾臨一藩王，勝敗輕易能分的局面，並沒有如期望的形成，從建文元年（一三九九年）七月開始，朝廷與燕王鏖戰四年多，不僅沒能擊潰燕王，反把自己拖垮了。朝廷的失敗，從根本上來說，是洪武以來外強內虛的局面造成的。

不管怎樣，在削藩之初，朝廷一個接一個的廢黜諸王，行事卻是非常順利，一個虛假的有利形勢，在一定程度上麻痺了建文帝。

周王朱橚是一位有名的藥學家和文學家，卻是一個很不合格的父親，竟養出汝南王朱有勳這樣一個豬狗不如的兒子。朱有勳告發父親「不軌」，看起來是大義滅親，其實是因為與兄弟之間的矛盾，他對父親積怨已深，又探知朝廷要跟親藩過不去，就立刻跳出來，與父親劃清界限，做堅決的鬥爭。他本是次子，與王位無緣，他指望著朝廷一旦將父親拿下，說不定會令他這位大功臣繼承親王之位呢！

可惜朝廷正在大講孝道，恢復古禮，雖然朱有動是一位再妙不過的汙點證人，卻不會同意這樣一位身上有莫大汙點的人堂而皇之君臨一國。朱有動失算了。

朝廷在接獲朱有動的黑函後，毫不遲疑地動手了：先是假意發詔，命曹國公李景隆備邊，從開封經過，突然發兵圍住王宮，將毫不知情的周王捉拿歸案。隨即削去其王爵，貶為庶人，將其父子分別徙往雲南蒙化等邊地。不久又將他取回京師禁錮起來，在隨後而來的暴風疾雨中，過著惶惶不可終日的生活。

朝廷削藩採取的是順藤摸瓜的手法，由周王的案子，再牽連進其他王子。曾幾何時，周王是錦繡堆裡打滾的角色，如今突然下吏，朝廷有沒有「逼供信」我不知道，但肯定採取了嚴厲的恐嚇手段，把他嚇得半死，遂很快交代，由他的供詞，朝廷迅速掌握了代、湘、齊、燕等王不法的證據。

下一個便輪到封於山西大同的代王朱桂。

如果按照「去燕王手足」的思路來看，代王與燕王既是兄弟，亦為連襟（代王之妃是燕王妃的妹妹，都是徐達之女），似乎是絕佳的目標。但代王兩口子的關係並不好，代王有意冷落她，徐妃生了重病，也拒絕探視。徐妃的遭遇在代藩引發強烈的同情，代王的一個孫子甚至將此事揭開，上奏朝廷，為徐妃鳴不平，請求朝廷敕令代王好生對待徐妃，勿要太薄於夫婦之情。

代王亦非善類，他有著朱家的狂躁型遺傳病，即便到了老年，還時常領著兒子，穿短衣小帽，袖中藏著錘子斧頭，在鬧市殺人，或誘騙軍民婦女入宮。而徐妃的所作所為，也不似大家閨秀。她是個惡毒的大醋缸，代王寵愛兩名侍女，她嫉妒得要命，竟然令人往侍女口中塞糞，往她們身上刷滿油漆，再渾身敷上藥膏，令她們肌膚潰爛。二人如此惡行，也算是同類了。

代王劣跡非常多，如何處置他，翰林學士方孝孺提議從寬，請以德化導之。一代大儒方孝孺，現在是建文帝的老師和顧問，也是建文朝新政的主要規劃師。

建文帝聽納了他的意見，沒有將代王「下吏見官」，而是責令他離開封國，到四川與他同母哥哥蜀王朱椿一起住。蜀王素有賢名，希望代王有樣兒學樣，迷途知返。但代王還未入蜀，朝廷已改變心意，轉而將其就地監禁。

另一個貪虐成性、劣跡昭彰的齊王朱榑，也被人訐以陰事，旋即召到京師，拘禁起來。代、齊二王，不久都被廢為庶人。

洪武三十一年十二月，就在周、代二王相繼落馬之時，前軍都督府斷事高巍上書，將宗藩問題半掩的面紗掀開，對如何繼承作為「祖制」的分封制度，進行了首次政治檢討。

朱元璋在《皇明祖訓》裡放過狠話：祖訓不許擅改一字，若臣子勸上違逆祖制，應視為奸臣，加以滅族之刑。言猶在耳，朝臣不會忘記，但此一時也，彼一時也，如今是「後洪武時代」，太祖那些話誰也不會太放心上，而削藩已是新朝君臣的共識。雖然朝廷沒有公開討論藩封政策，而削藩已在緊鑼密鼓的進行中了。

高巍看到皇帝削藩之心太急，他擔心欲速不達，像西漢景帝一樣，因為驟然施行晁錯削奪之策，引起天下大亂。他建議效仿漢武帝的推恩之令，將西北諸王的子弟分封於東南，東南諸王的子弟分封於西北，小其地，大其城，以分其力，「如此，則藩王之權不削自弱矣」。

他同時建議，皇帝應益隆親親之禮，歲時伏臘，遣使饋問，諸王之賢者加以褒賞；不法者，第一次犯寬容他，第二次仍赦免他，再犯而不改者，則告於宗廟，削其地而廢黜之。朝廷若這樣做，諸王「寧有不服順者哉」！

現在看來，高巍的建議是非常有遠見的。但遺憾的是，年輕的建文帝以及他雄心勃勃的輔臣們，看不到朝廷的虛弱，以及行事過驟可能帶來的危險後果，對於高巍這個看起來迂緩的策略，他們沒有興趣。

削藩的步伐沒有停頓，反而加快了。建文元年四月，岷王朱楩也遭人告發，朝廷立削其護衛，廢為庶人，遷到福建漳州監視居住。最慘的是湘王朱柏，他的罪狀是偽造寶鈔和擅自殺人，朝廷先是降敕切責，隨後遣使率兵到荊州府去逮捕他。湘王是個性情高傲的人，他說：「吾聞前代大臣下吏，多自引決。我身為高皇帝之子，南面為王，豈能受辱僕隸之手而求活乎！」遂闔宮自焚死。這已是朱元璋第二個自焚的兒子了。

在靖難之役中，有一種傳說，說建文帝害怕蒙上殺叔之名，嚴令不許傷害燕王，只許活捉，結果拘束了官軍的手腳，反被狡猾的燕王利用。此說應出於臆造，其實建文帝已斃一叔，再多一個，有何不可？

這樣，被後世稱為「仁弱」的建文帝，在即位一年的時間裡，大刀闊斧，連扳五王，其他在藩諸王，無不悚懼，膽戰心驚，不知下一個將輪到誰。

對於這些皇叔親王，建文帝不論其罪之大小，毫不客氣，一概加以削除，可見建文帝對他祖父傾三十年心力建立的分封制度，有多麼厭惡，他急不可耐地要剷除他們，我們從中看不到任何的親情和憐憫。

周、代、齊、岷、湘，這五位藩王成為第一批被受難者，朝廷是如何選中他們的？一種為人普遍接受的說法是，他們或與燕王同惡相濟，或是燕王的「手足羽翼」，朝廷是項莊舞劍，意在沛公，真正的目標其實是屬分最尊、實力最強的燕王朱棣。

此說其實是可以存疑的。比如說與燕王關係親密者：周王，《明史》借黃子澄之口，說他是燕王同母弟。然此說涉及到燕王身世，未為定論。但燕、周一個老四，一個老五，年齡相仿，朱棣即位後，對周王百般關照，他們關係親密，應屬無疑。

再說代王，這位皇十三子與四皇兄同娶徐達之女，既是兄弟，又是連襟，但兩王關係親密的證據不足，也不存在一榮俱榮、一損俱損的緊密利益。不可以說，他們「親上加親」，關係就一定厚，代王定是燕王之黨。現成的一個反例是，徐達長子徐輝祖，是朝廷的堅定支持者，而次子徐增壽卻暗通燕王，同樣是朱棣的小舅子，他們的政治立場卻截然相反。

至於劣跡斑斑的皇七子齊王，本為一狂徒，他在洪武朝屢遭父皇訓斥，侄子建文帝登基後拿他祭刀，可謂實至名歸；他與四哥同遭罷黜，算是同病相憐，但四哥即位不數年，照樣不客氣，把他連同三個兒子都廢為庶人，長期監禁，老七這一房子孫從此成了沒有自由的庶民。這等人物，依我看，應是他自己不聰明，撞上了建文帝的槍口，不見得是朝廷處心積慮加害的結果。

從一些跡象來看，朝廷選擇打擊目標，似乎是毫無章法的，甚至有些顢頇，缺乏規劃和次第。

以岷王朱楩為例。岷王是皇十八子，母親為名不見經傳的周妃，他年紀小，建文元年才二十一歲，比燕王小了近二十歲，當他出生時，四哥已經到封國，他們之間很難談得上有親密的交誼。

朱楩初封岷州，因此以「岷」為王號，但洪武二十八年（一三九五年），朱元璋以雲南新附，宜用親王鎮撫為由，將他改封雲南。岷王赴雲南三年有餘，一直未建宮室，護衛軍力薄弱；且封地在天日之南，又非強藩，不可能對遠在東北數千里之外的燕王有所呼應。朝廷處置他，且處置極嚴（根據祖制，不許殺害親王，廢黜監禁已是最重的處罰了），是完全沒有必要的。對這樣一隻小雞下手，徒然增加諸王的恐懼。

值得注意的是，明朝收復雲南，是在洪武十五年春，到二十八年時，已經十三年了，似乎不可再言「新附」。雲南入大明版圖後，一直由朱元璋的義子西平侯沐英鎮守，直到洪武二十五年卒於鎮。沐英死後，由其子沐春嗣爵，仍鎮守雲南。沐春在鎮七年卒，沒有子嗣，乃由其弟沐晟嗣爵來鎮。朱元璋從未寄予任何一個異姓臣子這樣的信任，讓其父子相繼，鎮守一方。由此世人多猜測沐英實為朱元璋與外婦所生之子，是朱家的親骨血，而不是名義上的養兒義子。當然此說只是野語，不可輒信。但朱元璋對沐氏的信任超乎尋常，卻是有目共睹的。

然而，洪武二十八年，朱元璋突然派第十八子來鎮雲南，這使得沐家世鎮雲南的希望頓時泡了湯。沐晟是建文元年嗣爵，來到雲南的，他到任伊始，即力訐岷王之過。而朝廷輕易就聽信了，將岷王廢為庶人，移置漳州軟禁起來。

沐晟此舉甚是高明，既迎合了朝廷削藩之策，主動提供炮彈，去除了一位藩王，同時也除掉了沐家世鎮雲南的最大障礙。可以說，朝廷此舉最大的受益者不是朝廷，而是沐家，從此沐家永遠以黔國公、總兵官的身分鎮守西南一隅，與明朝相始終。

幼稚的建文帝和他空疏迂闊、志大才疏的輔臣們，被利用了而不知，還以為那二十塊大石頭，又搬除一塊，可以彈冠相慶了。

接下來，他們轉移炮口，對準了最大的心腹之患劃——燕王朱棣。

第二十二章　多虧燕地有「王氣」

自朝廷出其不意地對周王動手，雄鎮大藩的王爺們，個個風聲鶴唳，神經過敏。要說諸王過去驕縱，或許可信，然而自此之後，誰還敢驕縱，根本是找死。其實「驕縱」只是口實，不管藩王們是驕，還是嬌，朝廷削藩的決心不可動搖。

燕王朱棣作為皇帝年紀最長的叔父，理應對侄皇帝不顧祖制及「親親之義」，連續削奪藩封的行為表達態度。不知朝廷有沒有這樣的期待，或許方孝孺、黃子澄等大臣私下裡都希望燕王能夠識趣，主動贊附朝廷的行動，自獻護衛兵力。然而，燕王對弟弟們一個個遭難，沒有任何表示，只是稱病不出。大臣們在失望之餘，開始著手採取軍事措施，以迫使他那麼做了。

金鼓鏘鏘，一步步直逼燕王府前。

燕王護衛軍力人數雖然不多，但屢從燕王出塞，精於騎射，戰鬥力較強。朝廷首先以加強邊備為由，將燕府護衛官軍陸續外調，使其離開「巢穴」，分散到宣府、大同等地。朝廷的措置可謂嚴密，除了架空燕王，剪除其爪牙，還調兵遣將，強化軍事壓力：命都督宋忠、徐凱、耿瓛等帥兵分屯開平、臨清、山海關等地，又於彰德、順德等地布防，對北平形成鐵臂合圍、甕中捉鱉之勢。燕王縱然不滿，他敢不乖乖就範嗎？

炸藥包已經埋好，就等安放引信了。

建文元年六月，燕山護衛（燕府三護衛之一）百戶倪諒從北平逃到南京「上變」，告發燕王謀反。此時朝廷已經準備完畢，建文帝在接到倪諒的密報後，立即採取行動，下令逮捕燕府在京公差人員。

為了拿到燕王謀反的「證據」，朝廷動用了嚴刑。燕府旗校于諒在錦衣衛獄裡被活活打死，成為靖難之役前的第一批罹難者。

在掌握了燕王謀反的所謂「鐵證」後，建文帝下詔，公開譴責燕王，命北平地方官入王府逮捕王府僚屬。

氣氛緊張到了極點，朱棣仍在府中養病。

政客的病，往往招手即來，揮手即去。朱棣也不例外，生病只是他外示韜晦的一種手段。但我相信，他一定整日急火攻心，渾身起火泡，惶惶然不可終日。到底是被動地接受命運的鎖喉，還是主動出擊，為改變命運而抗爭？他猶豫不決。

正在此時，忽有一人來訪，報稱是北平都司都指揮僉事張信，此人的官職差不多等於今天的省軍區參謀長。

朱棣一聽此人的名字，就不想見。原來建文帝深知朱棣在北平經營二十多年，與各種地方勢力形成盤根錯節的聯繫，故而對北平文武守臣實行了大換血，朱棣多年經營的人事網路毀於一旦。而新來的守臣，都是經過嚴格挑選，政治審查合格、忠於朝廷的官員，他們實際上負有監視燕王的使命。這位張信也是以「謀勇」得到推薦，從四川平越衛升調到北平都司來任職的。

朱棣現在哪有心情與這幫官員應酬，他皺了皺眉，撫額搖手，推說病重，不方便見。但張信固執得很，一連來拜三次，非要見到王爺不可。朱棣只好請他進來，往床上一倒，裝作不起的樣子。

話說史上裝病最有名且裝得最像的，莫如司馬懿了。曹魏的大將軍曹爽要抓司馬懿的小辮子，司馬懿遂以退為進，稱病不出，而曹爽深知俗語有「司馬妙計安天下」一說，不敢輕信，生怕司馬老先生把生病也做成一計，遂派新任荊州刺史李勝借辭行前去探病，以察其真偽。

司馬懿是個很有想像力的人，他裝病，不是躺在床上哼哼唧唧，喊頭疼，呼胸悶，而是精心設計了兩個戲劇情節以供李勝賞鑒：先是吃粥時故意嘴角歪斜，讓粥汁淋漓一胸；又故意把李勝的任所荊州聽成並州。真乃用計之出神入化！他不須呈上醫生的診斷證明，一個半身麻痺、耳目失聰、命不久矣的形象，已鑽進探子的腦海裡。

我想，朱棣與司馬懿是不同的兩類人，大概他學不來老狐狸司馬懿這一手。他衣服都沒脫，往床上一倒，被子一拉，只露一張苦臉在外面，就是病號了。

張信躬身走進寢室時，他雙目微闔，有聲無氣地哼了一下。張信快步近床前，二話不說，納頭便拜，旋即說出一番話來。燕王聽了，驚出一身冷汗，蹬地跳下床來。

張信說的是：

「王爺還有心養病嗎？北平都司、布政司已接奉朝廷密詔，馬上要對王爺動武了！」

出乎朱棣意料之外，這個姓張的都司將領不是來探病，而是來告密的。

張信來燕府告密，是對朝廷的背叛，他這是拿全家性命在冒險。原來張信自來北平都司任職後，已知朝廷容不下燕王，而他經過幾次與燕王的接觸，對燕王頗為仰慕。當他與聞密詔的內容後，不禁憂懼惶惑，不知該遵從朝廷旨意，還是出於對燕王的同情，將朝廷的計畫透露給燕王，為此悶悶不樂。

他母親發現他舉止怪異，便問其何事，他不敢隱瞞，將北平即將發生的大事和盤托出。張母大驚道：「你父親經常說王氣在燕，你切不可妄舉，取滅族之禍！」

看官！現在是一個科學的時代，各路名流尚且崇拜「大師」，甘心受其愚弄，遑論六百年前的古人了。那時候的人，特別相信氣運、面相、卜筮、地理一類的術學，許多人還精於此道，閒來無事時自己打一卦，大概張信之父也是能掐會算的，他早測出燕地有王氣，並認定王氣就應在燕王身上，所以在家裡進行了「理想教育」，希望孩子將來能為燕王效力，自然好處多多，前途無限。如今張父已經去世了，他指引的方向還在那裡熠熠發光。

我想，讓身為朝廷命官，前途光明，馬上有一件大功要立的兒子背叛朝廷，去投靠一位馬上要倒大楣的落魄王爺，不是一般母親能夠做出的事情，她自己不也說了，妄舉將自取滅族之禍嗎？張家母親想來也不會是一位高瞻遠矚的巾幗戰略家，坐在閨房裡，搖一搖團扇，輒便看出燕王必勝，朝廷必敗。對此我無法做出解釋，只好奉獻一個喜劇性的猜測：

大概因為她老頭兒生前是有名的預言家，言無不中，如今他拋妻捨兒，一個人去了，張母特別懷念他，在未亡人心中，其遺言便是金科玉律，成為她小宇宙的真理。所以張信一說起朝廷要拿下燕王，張母立刻神經發作，定不准張信違先父之言，否則哭天抹淚，要死要活。除此之外，我實在想不到，當眾人都在推牆時，張信之母何以讓他的兒子躲到那道危牆之下？

若謂張信之父也是一代神算子，只是名聲不顯，我還有奇怪之處未解。張信之父張興是臨淮人，生前任福建永寧衛指揮僉事，是一名中下級武官，任所又遠在南方，應該沒有機緣結識燕王。他死後，張信嗣其官職，先後在普定、平越等衛任職，也都是南方衛所。張信在來北平之前，應該沒機會瞻仰燕王風采。那麼為什麼張興在萬里之外，就觀察到北平的王氣？張信為什麼敢拼了全家性命，在燕王最為危難的時刻，棄明投暗，拜在燕王床前？

這個問題要得到解答，只能排除張興觀王氣、張母以王氣說服張信這一說法。燕王見張信來投，一定也深感詫異，必然下問：人家都燒熱灶，為何你來燒我的冷灶？「王氣」說，應該是張信就燕王之問而給出的解釋，但絕不會是指引張信行動的唯一因素。

我猜想，自張信移官北平後，初識燕王，即為燕王的才略與風采（這也是「王氣」，即王者之氣）所折服，心裡已經靠近他了，他甚至相信，一旦燕王舉旗反抗，擊敗朝廷大軍，不是沒有勝算。張信是個武人，他沒有文人瞻前顧後、多謀寡斷的毛病。與文官不同，武官沙場鏖戰，刀頭飲血，生死只在倏忽之間，他們往往憑本能驅率，而非依從理性行事。不是嗎？在當時明顯不利的形勢下，燕府許多護衛將領，都義無反顧地追隨燕王，而燕王靖難大旗一舉，眾多邊將投入其麾下，這說明在那個尚武的時代，武人更相信武力和源自軍隊的凝聚力，而不是來自於制度的權威，或對君主的信仰——老子只認頂頭上司，管他皇帝還是老倌兒！

張信也是這樣，他在大地開裂的剎那，選擇了向燕王那一邊跳過去。

本來，燕王對朝廷下一步將如何行動已有了一些心理準備，但他還是心存僥倖，直到得到張信的信報，才知道局勢已到了生死存亡的關頭，不容他再優柔寡斷了，這才定計起兵。

然而，當他要揭幟反抗朝廷時，還是不那麼有自信，心裡小鼓敲得厲害。恰這天夜裡風雨大作，將屋簷上的瓦吹落幾片，在地上摔成粉碎。朱棣見了，以為是不祥之兆，臉色都變了。幸虧姚廣孝機靈，馬上說：「這是祥瑞。飛龍在天，從以風雨，這一場大風雨，是大王將化作飛龍登天的佳兆。」

他更指出：「綠瓦墮地，這不是將為大王換易黃瓦嗎？」

明代制度，親王所居之屋，瓦用綠色，天子之居，瓦用黃色。朱棣一聽換瓦之說，才知道飛龍上屋揭瓦原是天大的喜訊，才把怦怦亂跳的心放篤定，立志反啦！

於是他祕密聯絡護衛官兵中的親信，準備用武力與朝廷對話了。而北平都司、布政司官員並不曉得機密已洩，放鬆了對燕王的監視與警惕，待朝廷派遣的太監來到北平，眾官意氣洋洋，準備進入王府捉拿燕王「左右導惡之徒」時，沒料到燕王突然發難，將三司長官張昺、謝貴等人誆入王府，立刻殺死，隨即擊潰圍困王府的官兵，奪取九門，占領北平城，城頭揭起霸王旗，從此開始了長達三年多的靖難之役。

張信率先輸誠，立下大功，朱棣甚感其德，稱他為「恩張」。奪取皇位後，雖然張某人毫無軍功，仍然被封為隆平侯，列「靖難功臣」之列。張家的侯爵是世襲的，茲後代代相傳，與朱棣的子孫共用富貴。

看官您請看，不信命還真不行，同樣是以闔族性命做押，投一大注，燕山衛的倪百戶，看起來是穩贏的，卻輸得精光；而贏面極低的張信，卻博取了世代的富貴，子孫受澤，連綿不窮。寫到這裡，容我學老夫子們拽一句文：豈非命哉！豈非命也矣哉！

第二十三章　四皇子手捧紅寶書反了

朱棣揭竿而起，起初只是為生存，絕未想到奪取天下。他是被朝廷逼反的，若不是朝廷威迫太甚，下手太狠，他未必遽然而反，甚至可能不反。朱棣多次說他的處境，「身遭危禍，無所容生」，他是「為奸惡所迫，不得已起兵禦禍」，應非矯飾，的屬實情。

但「冤情」並不足以成為朱棣起兵叛逆的理由。他名正言順的旗號，是「清君側」，是「奉天靖難」，他統率數萬雄兵，是為了入朝誅殺齊泰、黃子澄等「奸黨」。

「我，太祖高皇帝、孝慈高皇后之嫡子，國家至親也！」

朱棣在反書上先亮出正統的牌子，擺出自己「先帝嫡子」的身分，然後以皇帝至親皇叔的資格，指出朝政昏亂、親藩連遭橫禍的實態——

「今幼主嗣承大位，信任奸宄之徒，橫起大禍，屠戮我朝家。想我父皇、母后創業艱難，封建諸子，望其傳續無窮，藩屏天下。然一旦遭此殘滅，其誰之罪，皇天在上，後土在下，都一起看著呢！」

朱棣辯稱自己「自受封以來，惟知循分守法」。為什麼如今又不循分、不守法了呢？實在是守不起法了，大禍臨頭，生死攸關，我是「不得已也」！

隨後，他以一副理直氣壯的姿態，舉起當朝「紅寶書」《皇明祖訓》——

「《祖訓》云：朝無正臣，內有奸惡，必訓兵討之，以清君側之惡。」

在引用祖訓條文後，朱棣剖出一肚子忠臣肺腸，亮給天下人看：

「從義上來講，我與奸惡不共戴天，必奉行天討，以安社稷。」

最後，他像所有奸的、忠的人一樣，喊出一句口號：「天地神明，昭鑒予心！」

朱棣「清君側」，與建文帝「清燕王左右導惡之徒」，手法相似，均屬於剝筍之法，或稱敲山震虎，明明打的是老虎，對外卻宣稱打狐狸——然則狐狸死了，虎能獨存嗎？

政治鬥爭所用之槍，射出的子彈常常是能拐彎的；政治不是武鬥，不能直來直去，必須學會影射、反諷、指桑罵槐和王顧左右而言他。好像中國人的靈魂裡都有「政治」的基因，人人都是政治家（我其實很討厭這個詞，所謂「政治家」是否就是那些玩政治玩出了精，官場的千年老狐狸、萬年不倒翁？還不如政客這個詞來得恰如其分）。好比中國人特別喜歡「微言大義」，話不明明白白說，文章不直直爽爽寫，偏讓聽者、讀者去揣摩；還把它的發明權硬冠在孔老先生的頭上，好像這個壞毛病，是聖人起的頭。弄得人心不亮，大家都習慣動這樣的心思：「此話怎講？此言何意？」

中華不愧為文物之邦，詞彙之花哨、名堂之繁複，全世界絕無僅有，比如皇上就皇上，非得說陛下，皇帝明明在陛上站著，偏說「陛下」！皇太子、親王，則稱殿下。但陛下頭、殿下頭，哪裡找人去？

寫信問候一位老朋友，說「老兄近日可安好」即可，卻偏要說「老兄左右可安好」？關左右屁事嘛！難道你寫這封信，只因惦記老友家的左右僕從嗎？

如此妝謊，貌似畏縮恭謹，卻是嘴上塗蜜、腹中藏劍、尾後射針，整個一個道貌岸然！每見及此，每思及此，我都不禁啞然浩嘆：中國文化裡的這一套，不正是中國人精神萎靡、人格逐漸分裂的標誌嘛！

言歸正傳，且說朱棣明明反皇帝，卻不說「清君側」，這就是古人的只反奸臣，不反皇帝了。

儘管朱棣是受他侄子皇帝的迫害，他也不能直接向侄皇帝表示抗議，放聲大罵，因為「天地君親師」，君臣名分最大（君實際上是天的代言人）。朱棣只好向皇帝的左右開戰！但打狗也得看主人吧，好比一位江湖老大，別的門派沒請你來幫忙，你卻跑去幫人清理門戶，不就等於打人家掌門人的大耳光？所以朱棣之「清君側」，雖然表面對建文帝客氣，其實就是打在他臉上的一個響亮的大巴掌。

朱棣率兵上京來「清君側」，是有法律依據的，那就是洪武朝的紅寶書——《皇明祖訓》。朱棣的造反檄文，引了其中一條：

「如朝無正臣，內有奸惡，則親王訓兵待命，天子密詔諸王統領本鎮之兵討平之。奸賊討平之後，諸王收兵於營，朝天子而還。」

這一條確實是祖訓的原文，但我猜它一定是某日太祖皇帝醉酒之後，昏頭昏腦未醒時寫的。

看官明鑒，朱元璋手定的祖訓裡，這樣的內容還真不少。朱元璋的本意，是鑒前代之失，如漢獻帝被董卓、曹操等「奸臣」先後挾持，他害怕朱家的後代皇帝無能，也遭此命運，被人挾持擺布，那時，就只有靠各地宗藩起勤王之師來扶持朝綱了。因此他規定了親王們的責任：當朝廷上奸臣當道時，你們必須訓兵待命，待接到天子密詔，即刻率兵來朝，誅殺奸臣，然後還政於天子，收兵歸國。

這純粹出於朱元璋羅曼蒂克似的幻想，把大明王朝的基本大法，搞成了一部明代版的《理想國》，與一本浪漫主義小說無異。

喂，老朱！你憑什麼認為，陛下的子孫都將是岳飛似的大忠臣？待重頭收拾了舊河山，朝了天闕，還能不帶走一片雲彩？陛下對未來的瞻望與期待，明顯與歷史經驗和人性之惡不符嘛！

瞧，您那不爭氣的四兒子，很快就利用祖訓的條文，揭竿而起，反抗你孫子的朝廷了！

當然，燕王朱棣並不能完全做到「道德戰勝」，他「清君側」的理由存在明顯瑕疵：祖訓規定親王訓兵討賊的前提有二，除了「朝無正臣」，還要有天子密詔。朱棣開出來奸臣名單，卻無法提供天子密詔，因為建文帝壓根就沒請他來幫忙清理門戶。所以朱棣雖然引了祖訓，但只是偷換概念，掩耳盜鈴。

然而，這有什麼關係呢？天下之人，孰聽口舌之辯？天下大事，到底還是要靠「肌肉」說話。如果世間之事只講道理就能擺平，那簡單了，只須「重文」的建文一方，派出方孝孺等一幫儒臣，與燕方辯論三場，朱棣絕對要鎩羽而歸，自然天下太平，永世無爭了——可惜，這也是夢話。

當燕王殺戮北平守臣、稱兵造反的消息傳至京師，在朝堂上並未引起太大的輿論漣漪，一些人對此甚至懷著樂見的態度，認為燕王狗急跳牆，只是加速其敗亡。

朝廷決定用武力平定燕王之亂，建文帝頒布詔書，向天下宣示了燕王的罪行。

「國家不幸，骨肉之親屢謀僭逆。」

詔書首先表達了對骨肉之變的惋惜，然後介紹了諸王謀叛事覺及朝廷處置的經過：

去年周庶人朱橚潛為不軌，檢舉下獄後，供出燕、齊、湘三王，都是他的同謀。此時燕王的罪惡已經暴露。朕以親親之故，不忍暴揚諸王之惡，只治了朱橚的罪，三王皆置之不問。

然而今年（建文元年）齊王朱榑謀逆事又發，朝廷加以推問，他遂供出燕王朱棣、湘王朱柏與其同謀大逆。朱柏自知罪惡難逃，自焚而死。朕以燕王朱棣於親最近，只將朱榑廢為庶人，仍未忍窮治燕王之罪……

詔書的意思，是朝廷對燕王是一而再、再而三的容忍，他卻終是異志不滅。而我們也可以從中看到，朝廷是如何抓住一隻螃蟹而帶出一筐螃蟹的：

先是以周王「不軌」，牽出「同謀」燕、齊、湘三王。這三位被朝廷盯上，是跑不掉的了。隨後齊王落馬，再次供出燕、湘二王同謀，這是朝廷開始收網了。當齊王被廢，湘王自焚，燕王在「通緝名單」上已升至首位，不管他反不反，下一個都將輪到他——顯然，這幾隻蚱蜢都是拴在周王那根繩子上的，是拔出周王這根蘿蔔帶出的泥。

詔書指出，燕王「包藏禍心，為日已久」，他的罪惡主要有兩項，一是私印偽鈔，一是藏匿罪人。

私印偽鈔也是湘王的罪行之一，可能在洪武時，各王府為了增加收入，普遍都開辦了地下印刷廠，大量私印大明寶鈔。

藏匿罪人，大約就是「盜賊淵藪」之類的說辭吧，意在指責燕王招納亡命，早有不軌的企圖。

詔書把燕王的罪行說得很嚴重：「先皇帝在時，深悉逆燕之惡，為之震怒成疾，以至於升遐。海內莫不痛憤，而逆燕猶不知改悔。」升遐是帝王龍馭上賓的意思，詔書將朱元璋之死，一股腦歸在朱棣頭上。

許多時候，歷史就是勝利者任意私塗亂改做的一本假帳，如若不信，此事就是最好的證明。在建文帝的舊帳本裡，太祖皇帝就是被這個逆子老四活活氣死的，而在朱棣即位後做的新帳裡，太祖皇帝只是討厭建文父子，恨不得將他踩死，好讓心愛的燕王即位。歷史就是這樣透過做假帳轉虧為盈的。

詔書指責燕王罪行纍纍、不知改悔，如今又「稱兵構亂，圖危社稷，得罪天地祖宗」。對此，建文帝表示，對於這樣一個死硬的頑固分子，朝廷不敢再赦免他了，於是宣布削去燕王的爵號，將其黜為庶人。

從此在官方文書裡，燕王成了燕庶人。

但「掃帚不到，灰塵不會自己走掉」，朝廷同時決定「命將致討」，集齊大軍，武力征伐，掃蕩燕王在北平的窟穴。

一場持續三年，蹂躪北方數省，死傷數十萬的內戰，開始了。

第二十四章　朝廷也就兩斧頭

當朝廷決定對燕用兵時，調發大軍不難，最難的是擇帥。建文帝環顧朝堂，發現由誰來出任征燕大軍的統帥，選項其實非常有限。

不過現成有一個大將，據明史專家顧誠先生研究，朱元璋在去世前內定有「保嫡大將」，此人便是長興侯耿炳文。

耿氏的名頭遠不及徐達、常遇春、湯和、鄧愈等人亮，但此人資格非常老，他與朱元璋是小老鄉，都是濠州太平鄉人，當年朱元璋回鄉募兵，年僅十八歲的耿炳文隨其父耿君用入伍，從此追隨朱元璋，成為其嫡系。耿君用官至管軍總管，死於與張士誠的戰爭，其職務由耿炳文承襲；而耿炳文半生戰功，也主要在張士誠方面。

耿炳文軍事生涯有一個非常突出的特點，即特別長於防守，他的防區是位於朱、張兩強相爭前線的長興，耿炳文死守此地十年，「以寡禦眾，大小數十戰」，張士誠始終不能前進一步，為保護朱部的東翼立下了大功，所以在洪武三年（一三七〇年）受封為長興侯。耿炳文是明朝初封二十八侯之一。

但耿炳文不是橫戈沙場的大將之才，他幾乎從未獨立統領過大軍作戰，缺乏「大兵團」作戰的經驗和能力。如洪武十四年（一三八一年）出塞，他從大將軍徐達；十九年（一三八六年）征雲南，從潁國公傅友德；二十一年（一三八八年）北征，從永昌侯藍玉，都是作為副手，起輔助的作用——藍玉對他來說，還是後起之輩呢！

直到洪武末年，將星盡隕，他才漸漸從名將的陰影下走出來，開始獨樹戰功，如洪武二十五年（一三九二年）平定陝西、徽州等地「妖民」之亂，三十年（一三九七年）四川剿賊等。這位「內戰」的急先鋒，不顧老邁，披掛上陣，東奔西跑，倒也似模似樣，像一位威武的大將軍。他替晚年朱元璋解了不少憂，也加強了皇帝對他的信任。

朱元璋在洪武二十七年（一三九四年）十二月，親自做主，把已故懿文太子朱標的長女江都郡主，也就是皇太孫允炆的姐姐，嫁給耿炳文第三子耿璿。建文帝即位後，郡主升為公主，耿璿成為駙馬爺。顧誠先生認為，這樁政治婚姻實質上是朱元璋為保護即將繼位的皇太孫，而對耿炳文採取的籠絡措施，屬於一種軍事性安排。

《明太祖實錄》說：「太祖末年，舊人存者，獨武定侯郭英及長興侯耿炳文，二人特見倚重。」洪武三十年正月，為平定蜀亂，朱元璋以耿炳文佩征西將軍印，任總兵官，而另一位皇親郭英只為副，可證朱元璋在晚年對耿炳文倚賴尤甚。

朱元璋信任耿炳文，除了他是自己的同鄉與嫡系，還因為耿炳文為人謹慎謙退。比如耿炳文曾委託翰林學士劉三吾代為撰寫《追封三代神道碑銘》，他囑咐劉三吾，落筆時一定要遜抑，功績應歸於上，他說自己出了些力，只是「狗之功也，其敢以自名」？他在闡揚祖德的碑文中，把自己喻作朱元璋豢養的一條獵狗，打下獵物，皆因獵人指揮有方，狗豈敢自居為功！耿炳文這種深自貶抑的態度，在功臣中是不多見的，因此很得朱元璋的欣賞。

與耿炳文比起來，武定侯郭英與皇室的關係其實更近一些：郭英也是早期追隨朱元璋的嫡系，他的妹妹嫁給朱元璋為妃（郭寧妃），是朱元璋的大舅子，也是寧妃之子魯王的親舅舅；郭英有九個女兒，其中兩個分別嫁給遼王和郢王，他的兒子郭鎮娶了郭惠妃之女永嘉公主。

郭英以功臣兼為外戚，又以朱元璋的內弟，兼而為他雙重的兒女親家。這種錯綜複雜的姻親關係，在朱元璋選擇「保嫡」大將時，反而成為劣勢。因為保嫡者要保證嗣君的帝位不受諸王及勳臣的威脅，如果利益關係太複雜，其地位不易保持中立。而耿炳文作為皇太孫姐姐的公公，是未來皇孫朝的外戚，他必然會傾心維護皇孫的帝位。

綜合各方面考慮，朱元璋認為，在己身後，耿炳文是在軍事上、政治上均可託付信任的不二人選。

可是，耿炳文雖然忠心，政治上可靠，又有姻親的保障，但他畢竟是第二流的人物，無論在軍中威望還是軍事才能上，都略嫌不足。一場勢將決定朝廷命運的大征伐，由這位長於守、短於攻的六十五歲老將掛帥，並非最佳人選。可是，到朝廷要用人時，拜託朱元璋殺蟲殺得乾淨，除了耿炳文，朝廷竟再無合適的大將可用！

建文元年夏天，朝廷倉促拼湊了十三萬大軍，號稱三十萬，以耿炳文掛平虜大將軍印，率師北伐。用兵詳情不細表，只說官軍渡過黃河，隨征的駙馬耿璿建議父親集中兵力，直搗北平，不給實力較弱的燕王以喘息之機。但耿老將軍卻「老成持重」，猶豫遲緩，大軍滯於滹沱河南北兩岸，分散駐於真定、河間、鄭州、雄縣等地，給了敵人以各個殲滅的可趁之機。

八月十五中秋之夜，燕軍乘月來襲，官兵大敗，耿炳文戰死於真定，朝廷兵鋒銳氣由此大挫。

耿炳文在真定戰死後，官軍雖然損失較大，但實力猶存，燕軍仍然無法改變蟹守北平一隅的被動局面。

在接到耿炳文的敗訊後，建文帝開始對戰局產生憂慮，但用誰來接替帥印，他卻犯難了，朝廷所缺的不是兵，而是統兵之將啊！新的統帥不僅需要較高的軍事才能與威望，還必須得到朝廷在政治上的絕對信任——畢竟對手不是別人，而是自家親戚燕王，他在百官與宗室中有著盤根錯節的人際關係。

對於新的主帥人選，齊泰和黃子澄異口同聲推薦曹國公李景隆。

李景隆是李文忠之子，李文忠與朱棣是表兄弟，論起輩來，李景隆要喊朱棣一聲四表叔。李文忠雖是朱元璋的外甥，但他比舅舅只小十一歲，比表弟朱棣則要年長二十一歲。李景隆生年不詳，但年紀應與朱棣相仿。

兩人都是洪武後期的重要人物，但朱棣作為「塞王」，自洪武十三年就藩，立國二十幾年，多次統軍出塞，擁有豐富的治國和統軍經驗。而李景隆的公爵是承襲來的，不是靠軍功自己掙來的，他在洪武十九年襲爵，此後多次奉旨出京操練軍馬，並且在建文帝即位之初，率軍突襲周王，立下削藩的首功。可是僅憑這點用兵的經歷，與燕王比起來，不啻「小兒科」實習醫生對上了醫學科學院的院士。

但李景隆自有其優長之處，他高高的個子，眉疏目秀，顧盼偉然，很有威儀；又是名將之後，平日裡頗好談兵，無論是展卷論戰，還是撒豆成兵，都是滔滔不絕，很能唬人——不是說「龍生龍，鳳生鳳，老鼠的孩子會打洞」嗎？除非他自己暴露，一般人們都相信，將門必出虎子，這是古代樸素的遺傳學。可惜趙括的教訓，就無人記得。

李景隆磨劍未試，朝廷就輕率地請他出來掌帥旗。請看官試想，以侄伐叔，以新進伐老成，彷彿以下攻上，以卑臨尊，起手即不順，成功還不等於碰運氣嗎？難怪朱棣一聽用李景隆為大將軍，將兵五十萬北伐，不僅不懼，反而笑道：「李九江（九江為李景隆小字）就是個紈褲少年，好對付！」於是他不顧南面颶風來襲，留世子朱高熾在北平居守，叮囑他不要出戰，自己則親率精銳，直趨關外，決心先解決威脅其背的大寧都司，再轉過頭來對付李景隆的大軍。朱棣真沒把李景隆和他的半百萬大軍放在眼裡。

李景隆聽說燕王北出，以為北平空虛，正是天賜良機，對天一聲笑，遂驅兵進圍，把北平城箍了一個滴水不漏。然而這麼好的機會，他竟然沒能抓住，北平久攻不下，形成曠日持久之勢。待朱棣略取大寧，獲得大批漠北鐵騎的新銳力量，轉回頭來，內外夾擊，遂大破官軍，李大將軍丟盔棄甲，帶著殘兵敗將逃回山東德州。

在李景隆出征離開京師之時，建文帝親自為他掛上大將軍印信，賜給他通天犀帶，並為他的戰車推輪，在他登船之際，又在江滸之上設宴，為他踐行，賜予他「便宜行事」的權力（即軍中進止可以自專，不必請示朝廷，誅殺大將，也可先斬後奏）。可是這個紈褲公子太不爭氣，完全辜負了皇帝的厚望，他一敗之後，銳氣盡失，從此被朱棣牽著牛鼻子走，再無建樹。

建文帝還聽信了他的牢騷，以為他權柄太輕，諸將不聽調遣，是以用兵不順。事實卻是，李景隆仗著爵位高，雖然不知兵，卻在軍中妄自尊大，不把將領放在眼裡，「諸宿將多快快不為用」。李景隆見調度不靈，連吃敗仗，便將責任全推卸到部將身上。建文帝為強化他的權力，授予他「專征伐」的大權，特遣太監齎捧璽書，賜其黃鉞弓矢——這是好古的建文帝從古書上學來，並造著古書上的記載打造的一套傢伙，相當於賦予李景隆代天子親征的大權，他要想怎麼打就怎麼打，哪個不聽話，你隨便殺，朝廷都不干預，隨你來——這下，你總該打個翻身仗了吧！

不想老天作怪，當欽差太監坐船渡江時，突然起了一陣怪風，將船吹翻，璽書鉞矢盡沒於江，只有太監如水鬼一般從水裡爬出來，濕答答回去報告。朝廷上下都覺得這是很不好的徵兆，但無人敢言，建文帝也只能故作鎮靜，令人重新打造黃鉞弓矢，另外差人送到前方。

著名的紙上名將李景隆不甘失敗，他決心報仇，建文二年（一四〇〇年）四月，他調集武定侯郭英、安陸侯吳傑等軍，於德州誓師，再次向北平進軍。雙方在白溝河大戰，此戰甚為慘烈，結果李景隆還是不支，新湊起來的六十萬大軍一時皆崩。昔日沉於水的璽書斧鉞，今乃沉於陸——朝廷至此才看到「天下陸沉」的可怕前景。

這一仗，官軍死傷數十萬，從此遂不支，再也無力組織大兵團作戰；而朝廷與燕軍的攻防態度，也自此易手，朝廷由攻轉入防禦，燕軍則頻頻南侵，常常飲馬淮上，兵鋒勢不可擋。

朝廷透過慘痛的教訓，才知道起用李景隆是多麼嚴重的錯誤，只好將逃到濟南的李景隆召回京師。黃子澄因為薦錯了人，又羞又憤，見李景隆回京後，猶然靦顏高踞朝班之首，他氣不過，就在上朝時，從班中疾步走出，憤然糾彈他覆軍之責，請皇上下旨，就朝班之中將其擒拿，誅之以謝天下。但建文帝不許。後來燕軍渡江，京城危如累卵，建文帝彷徨無計，方孝孺再請誅殺李景隆。建文帝仍念他是朝廷「肺腑之親」，沒有同意。

李景隆僨事敗軍，朝廷既不殺其身，又不削其爵，將何以行威令於天下？要說建文帝也有「仁弱」的一面。

李景隆兵敗後，朝廷更是無人可用了，平燕戰爭後期興起的一批將領，如盛庸、平安、何福、吳傑、房昭等，都是洪武晚年才得到拔擢重用的裨將，資歷均較淺，儘管他們在內戰中因軍功而在官階上獲得快速提升——如盛庸因多次戰敗燕軍，受封為歷城侯——他們的弱點也是明顯的：威望不夠，缺乏指揮大軍作戰的經驗。朝廷沒有一位能夠統領全域、眾望所歸的主帥，各軍之間往往獨立作戰，缺乏有效的配合，經常被燕軍各個擊破，使有利的全域，無法轉化為戰場上的勝利果實。

第二十五章　崽賣爺田不心疼

當李景隆數十萬大軍來攻時，朱棣沒有龜縮在北平城裡，做魚死網破之爭，而是趁巨網未合攏之前，率精騎直出永平，先擊退圍城的遼東官軍，然後徑趨關外的大寧都司。鎮守大寧的是十七弟寧王朱權。

當朱棣起兵之時，北平周圍諸王封國林立，是他最大的威脅。然而朱棣宛如有天助，太原的晉王朱棡，在建文帝即位前幾個月突然死去，由世子濟熺繼位。新晉王年紀尚輕，根本不在燕王眼中。看官試想，朱元璋在洪武二十八年（一三九五年）處死宋國公馮勝，此舉誰是受益者？馮勝是晉王濟熺的岳父，假如這位傑出的將領此時不死，即便不用他為征燕主帥，就是令他統領山西都司兵馬，虎視北平，朱棣側翼不安，豈敢放匹馬南下？馮勝、朱棡先死，在此時開始顯出其後果。

當時在從宣府、大同、開平、北平到遼東一線，除了燕王，還有多位「塞王」（塞上之王），他們是封在大同的代王（皇第十三子），廣寧的遼王（第十五子），大寧的寧王（第十七子），以及宣府的谷王（第十九子）。其中代王已被廢為庶人，看押於大同。遼、寧、谷諸王，都是燕王的弱弟，在洪武末年就藩，手握重兵。當因削藩引發的內戰爆發後，朝廷不敢信任他們，下詔令諸王回京。

由於朝廷顢頇削藩，不講究策略，使得這些藩王在平燕戰爭中不能替朝廷出力，發揮牽掣燕軍的重要作用。如遼王朱植，頗習於軍旅，且與四哥不甚相合。朱棣入京後，嫌其「貳於己」，盡削其護衛。這本是可資朝廷之用的力量，然而朝廷並不了解這些，也不懂得如何加以利用，以藩制藩，只是輕率地將諸王們撤回。遼王、谷王奉詔後立即棄國，逃回南京，手下之兵，頓時成為一盤散沙，後來多為燕王所用。

朱棣最為擔心，只有寧王朱權。

大寧都司在喜峰口外，是古會州之地，東連遼左（遼王封地），西接宣府（谷王封地），號稱巨鎮。寧王部下，帶甲八萬，革車六千，所屬朵顏三衛（蒙古族）騎兵皆驍勇善戰。甯王多次會同諸王出塞，以善謀著稱。

然而，善謀者，其心不易測。遼、谷二王奉詔後立刻離開封地歸朝，唯獨這位腦筋靈活、會寫書、能修道的寧王不至，建文帝擔心寧、燕二王合流，差人流星雨一般去召他，他都不來，無奈，只好下詔削去寧王三護衛，以示薄懲——朝廷知道寧王奇貨可居的心態，卻也不敢把他整得太凶，否則把他推到燕王那邊就更不妙了。

朱棣清楚得很，寧王既不奉朝廷之詔，對自己的示好也不作任何答覆，明擺著是擁兵自重，坐觀形勢之變，以謀取個人的最大利益。寧王有了這種動機，就給了朱棣可趁之機。朱棣決心先收服寧王，改變腹背受敵的不利態勢，順便奪取關外邊騎助戰，然而再轉回身來對付李景隆的大軍。

朱棣迅速擊退圍攻永平（在北平東北）的江陰侯吳高，隨即自劉家口出關，間道直驅大寧。這時已進入九月，天氣漸寒，寧王未料到四哥突然出現在城下，大吃一驚。事出倉促，不得不防。他集兵出城相迎，在馬上問：「四哥此來何意？」朱棣捏著哭音，一副苦相，自稱是窮蹙而來，是向弟弟求救的，一定要進城面談。

寧王疑心四哥部眾甚多，朱棣主動表示，請單騎入城。寧王一時抹不開臉，只好答應。兩兄弟聯轡進城，在廳中入座，燕王執寧王之手大哭，訴說自己不得已起兵之故，求寧王代為草表謝罪。

昔日雄傑的四哥，如今一副可憐之態，如喪家之犬，令精明的寧王上了當。

以後數日，朱棣都裝出一個不知所出、百無聊賴的可憐相，博取寧王的同情，使他放鬆警惕，私下裡卻在城外伏下銳卒，令親信偷偷入城，暗地裡與朵顏三衛酋長及寧王部下聯絡，大肆收買，進行政治交易，寧王卻恍然不知。

幾天後，朱棣請辭，說要回北平，寧王不察其異，親自送到郊外。燕王臨行之際，又是擦鼻涕，又是抹眼淚，誘得寧王送了一程又一程，漸漸離城遠了。突然間，伏兵暴起，將寧王挾為人質，裹於眾中，就往南行。因為事變太突然，寧王部下只做了微弱的抵抗，即為燕軍制服。朱棣遂集大寧之眾，以及寧府宮人，一起由松亭關入關，大寧成為一座空城，廣袤的大寧都司從此成為棄地。

可憐多智善謀的寧王，本想坐觀鷸蚌相爭，收漁人之利，但他哪裡是老辣的燕王對手，一不小心，就著了道，成為燕軍中的囚徒。

朱棣發揮他長於文字的特長，凡軍中檄文，多請寧王代筆。這槍手的差使，寧王不想幹也不行。朱棣還耍他，向他保證，說事成之後，天下中分，一人一半。寧王不敢客氣，只好付之於浩嘆。

待朱棣登基後，他不求中分天下，只求改封南土善地（他的封地大寧已失，沒法再回去了）。他看中的地方是蘇州，請四哥把吳中之地封給他。但朱棣不答應。他退而求其次，再請封杭州，四哥還是不答應，但開出福建建寧、四川重慶、湖廣荊州、山東東昌四個地方任他選，而這些地方，寧王又不願意去。

寧王在南京住了一年，天天聽他四哥殺人，日日受那受難者哀聲的煎熬，第二年他答應去江西南昌，從此修道習曲，了此一生。

寧王部下銳卒，盡為朱棣所用，特別是驍悍的朵顏三衛騎兵，成為朱棣打天下的重要資本。但三衛夷人不是平白替朱棣流血的，他們達成祕密交易，按今天的話講，就是「密約」，朱棣許諾，待天下大定，將大寧都司內遷，其故地留給三衛牧放。朱棣對階下囚甯王不守約，對朵顏三衛卻很守約，他即位後，即將大寧都司遷到今河北保定一帶，雖然都司的名義不滅，而它所管轄的十幾萬平方公里的土地已盡捐於人了。

這項密約造成了深遠而嚴重的戰略影響。大寧在北方邊鎮中地位特殊，它居於遼東與宣（府）大（同）之間，聯絡東西兩邊，大寧一失，遼東與宣大、開平一線失去呼應，整個防線就崩斷了，再也守不住，被迫後移。北平（北京）也因此失去屏障，由內地變為邊地，當遷都之後，乃形成「天子守邊」的形勢。由於離關外太近，蒙古鐵騎經常突入京畿，直接威脅京師的安全。此乃後話，當朱棣一心求生之際，他哪管得了這些？能賣的當然捨得賣，反正也不是自家的。

且說寧王輕易受了燕王矇騙，被其挾持南下，所部人馬也被收編。而諸王棄封南下，使得朱元璋經營多年的「塞王守邊」體系頃刻間崩潰。從此，遼東、山西、北平都司一線，群龍無首，沒有一個能倡率團結眾多邊軍的核心人物。

這些地方的都督、都指揮等邊將，畢竟是臣子，號召力遠非親藩可比，他們許多人還曾受過朱棣轄制，對其自然存有幾分忌憚心理。所以自戰事開展以來，雖然在形勢上，這三地在北平背後，對其形成包圍鉗制之勢，兵力上也占優勢，但始終形不成合力，對燕軍構成實質性威脅，並常常被燕軍各個擊破。

朝廷與燕軍的搏戰，變成了南軍與北軍的較量，大批驍勇善戰的北地邊軍，由於朝廷的失策，幾乎沒派上多大的用場。

燕軍在連續擊破朝廷大軍之後，轉入反攻，雙方在淮北展開持續的拉力戰。

第二十六章　龍鱗長到次子身上

就在征燕之役軍勢不振，用兵難以為繼的窘境下，本該「正大」的朝廷，卻由一位「光明」的夫子，想出一條齷齪的毒計，試圖離間「燕庶人」父子。本書並不細講靖難之役，然因此計之生，與未來永樂、宣德二朝皇嗣之爭有著莫大的關係，涉及宮闈複雜的人事，所以有必要預做一介紹。

事情是這樣的，燕王朱棣有四個兒子，其中長子高熾、次子高煦、三子高燧，皆為徐妃所出；還有一個幼子高爔，母氏不詳，也沒有受封，應該是夭折了。

在朱棣長成的三子中，次子高煦最為勇悍，據說他「身長七尺，力挽千鈞」，尤為奇特的是，在他兩肋之下，生有「龍鱗」數片。

龍鱗是個啥玩意，與蛇鱗、魚鱗有何區別？我想誰也說不清白，反正獻諛吹捧時便是龍鱗，貶低呵斥時便為魚鱗，換言之，勝者為王便為龍鱗片片，敗者為寇便化作魚腥點點，甚至是疥瘡爛癬了。

還有一點，假如高煦他爸爸不反，高煦終身只為一郡王，不是「大興王」，便是「海澱王」，他即便長一背的龍鱗，也不敢輕易示人：你本為魚蟲，卻生龍鱗，幻想化龍，不是千年的妖精，便是天生的叛逆！

然而，一旦朱高煦做起「飛龍在天」的大夢，他輒惟恐人不知他有龍鱗異相。當靖難兵起後，朱高煦追隨其父，成為一員勇將，時常野戰破陣，頗樹功勳。

我沒有驗過他的正身，不知他有沒有受過傷，想來他會有一個習慣，經常解開戰袍，亮出他的傷疤，順便請眾人近前一步，好好鑒賞一下他的龍鱗。眾人努目望去，見他肋下肉骨棱棱，彷彿老天爺打下的印鑒，一定大呼驚奇：此非異數乎？二王爺真是天降的民人之主啊！

朱棣會因此子生有龍鱗而忌之嗎？不會。有一位篡位的老前輩魏文帝曹丕，曾鑄一把百辟露陌刀，刀身三尺二寸，鱗鱗如龍文，名曰「龍鱗」。在新的「篡位事業」的開創者朱棣眼裡，親親寶貝老二高煦，便是他奪位的「龍鱗寶刀」。他把髫鬚一掀，對鏡說：俺也是有異相的！鏡中的燕王，兩頰下奇出兩綹長鬚，像極了龍鬚；一部美髯，經著名神相袁柳莊鑒定，說待大王鬚長過臍，便是榮登大寶之日！

父子都生有人主之像，待老朱做了皇帝，小朱接著再幹，豈不皆應了天兆？我猜想，自朱棣到處甩動他的「龍鬚」，證明自己是天子之姿，朱高煦便已肚皮發癢，開始巡展他的「龍鱗」了——他打定了爭嗣的主意！

他要想辦法拱倒的，是他的親大哥朱高熾。

燕王長子朱高熾早在洪武二十八年（一三九五年）他十八歲時，就已被冊立為世子，是燕王的法定繼承人，可謂名分早定。然而，朱高熾在兩個弟弟的心目中毫無威望可言。老二高煦、老三高燧，本就不大把大哥放在眼裡，當燕軍揭起造反大旗，兄弟倆各授職任，一個隨父野戰，一個輔佐兄長在北平「居守」，都為父親開基創業立下功勞，他們對世子就更不敬了。

三兄弟關係不好，裂痕很深，便如雞蛋開了縫，馬上有奸佞小人嗅到腥臭，像蒼蠅一般叮來了。這個小人原是燕王府的一名宦官，名叫黃儼。請看官記住這個名字，此人名氣不大，卻是明代歷史上第一個呼風喚雨的權閹。

奴才往往是因為主子的寵信才得以擅權，「黃閹」也不例外。黃儼是朱棣非常親近信任的私人，朱家兄弟都不敢怠慢他，見了面不免還要客氣幾句，親熱地喊兩聲「老黃」。黃儼後來在永樂朝出任司禮太監，屢屢出使朝鮮，為朱棣辦些見不得人的私事；在政治上他也發揮過較為重要的影響力，最主要的就是他積極參與朱家三兄弟的爭權鬥爭，使朱高熾的儲君地位遭到嚴重的挑戰。而朱高熾長期壓迫於其父的巨大陰影之下，對黃儼百般隱忍，虛與委蛇，但一旦即位，立刻報復，將這個「死太監」處死了。

黃儼在永樂朝二十多年間算得上個大人物，但他的事蹟，在《明太宗實錄》裡基本上都被掩去。一則因為此人最後身敗名裂，一則為尊者諱，不欲多為此奸著墨，以免妨礙到他身後的「聖神」皇帝。

黃儼介入朱家三兄弟的爭鬥，他是有偏向的。當時三王爭嗣的格局是這樣：朱高熾作為嫡長子，居儲君之位（先是世子，後來是太子），名位素定，是守方；而二子高煦，恃功倨傲，兩肋又有「龍鱗」撐腰，還經常得到爸爸的誇讚（「以為類己」），他仗著這些，公然向哥哥的嗣君地位發起挑戰，他是攻方。而三子高燧，在初期勢力尚未養成，兩個哥哥打得又熱鬧，他樂得坐山觀虎鬥，主要是暗中使勁，並沒有公開的行動。

看官！假如朱氏皇族內部沒有大起火拼，眾王子安分守己，各安本分，高煦兄弟絕不會妄生邪念。可是他們的父親反了，嫌王當得不過癮，還想來頂「白帽子」戴，他們也就有樣學樣，不甘心守分做郡王了，都蒸起一副熱騰騰的心腸，想奪取長兄的儲貳之位，將來好繼承那頂「皇帽子」。

在靖難之役中，高熾、高燧以王子的身分「居守」，看守大本營，彷彿守倉之貓，不容易見其勞績；而高煦剽悍異常，如一條嗜血的獵狗，嚼子一放，立馬不顧生死地撲向敵人，又撕又咬，碎肉亂噴，血洗的功勞簿上，一顆顆人頭是看得見、數得著的。高煦天天在爸爸跟前立功，朱棣對這位能征慣戰的好兒子頗為倚賴，將部下最為精銳的騎兵，即朵顏三衛番騎，都劃歸他統率，經常讓他充當「軍鋒」，擔任突擊的任務。

建文四年（一四〇二年）六月，靖難之役進入最後的階段，朱棣冒暑進兵，突擊至長江之畔，導致京師震動。這是朱棣起兵三年來第一次如此深入，幾乎要與南京城內眉毛著火的建文帝隔江對弈了。

過去一般認為，因為建文帝「馭宦官」甚嚴，狼心狗肺的宦官們不待見他，紛紛跑出來與燕王私通，把京城的虛實透露給他，使其奮身化作一把利劍，不顧一切地向朝廷的心臟刺來，而不是繼續在淮北、河北一帶與官軍纏鬥。

朱棣的新戰略的確高明且奏效，但若要說，幫他出謀劃策的參謀是朝廷的宦官，則未必的確。因為建文帝並不像許多人以為的那樣嚴馭宦官，使他們嚐不到甜頭，看不到前途，事實是，在朝廷的大軍裡，活躍著大批的欽差太監（如監軍、守城、專使等）。

春、秋來，冬、夏去的北方鐵騎，突然間在盛暑之日出現在江淮之間，飲馬長江，這是朝廷與燕軍實力對比發生根本性轉變造成的。

然而，朱棣親自統帥的燕軍主力，在江北與官軍反覆拉鋸，不僅沒占到便宜，反而在浦子口吃了大虧，在此力挫燕軍的，正是他的小舅子魏國公徐輝祖；而在江南，都督盛庸集兵固守，江防漸趨鞏固。

眼見京師便在眼前，而軍事卻要陷入膠著。朱棣望江興嘆，意志發生動搖，打算擊鼓退兵。恰在此時，高煦率番騎大隊前來助戰，朱棣得此勁兵相助，一時動情，拍著老二熊虎之背，鼓勵他：「好好幹！世子多病。」——原來，現代人喜歡說的「你懂的」，朱棣早學會了，在此處一試，頓生四兩撥千斤之效。高煦心領神會，他受此肥餌，腰上的龍鱗益發癢難耐，於是殊死作戰，大敗朝廷江北諸軍。而朝廷的水師，由江防都督僉事陳瑄率領，全軍嘩變，投降了燕王。靖難之軍乘船渡江，擊敗盛庸——自此，南京水陸防線全部崩塌，京師門戶洞開，失陷只是早晚之事了。

看官！朱棣拍高煦的背，鼓勵他好好幹，這件事原載於成書在嘉靖年間的《姜氏祕史》（作者為姜清），而為《明史》所採信。然則容我駁一句：這則拍背許諾、拿天下私相授受的話，若不是小說情節，也是朱高煦本人散布的謠言，不可輕信。

判斷史料真偽，其實有一法門，那就是「穿越」到實地去考察。試想如此「要命」的話，朱棣會不會用大聲公廣播，當眾宣之？如果是一句私語，則旁人從何收聽得來？又由誰記錄在案？以什麼樣的管道傳播？如果解釋不清，只見一湯渾水，那麼一定要拿筆在旁邊畫一個大大的問號。此乃吾之心得，今與諸君共之。

史傳，高煦「恃功驕恣，多不法」。他最大的「不法」，當然是爭寵奪嗣了。不然，何以其父認為他像自己（「類己」）？都長著一副叛徒相嘛！

如果朱高煦是一個循規蹈矩之人，當然和造反的祖師爺朱棣不是一路人了。世子高熾儲君之位不穩，除了弟弟們能幹，最根本的原因，還在於父親認為他不類己，不喜歡他，詳情待後文細表。

第二十七章　大儒想出的離間計

且說高熾要守住自己的地位，高煦欲取非分之物，雙方攻防的形勢，從靖難之役直到永樂初年，沒有太大變化。第三子高燧，年紀尚幼，缺乏實力，但他性情乖巧，又是最容易得父母溺愛的老兒子，深得其父的喜愛。眼見兩位哥哥內鬥，他只是旁觀，不動聲色，暗暗積蓄力量，坐待其變。待到二哥失敗，他才作為另一個有力的角逐者冒出來。

在許多人眼裡，太監黃儼是二爺高煦一黨，但慢慢的，才發現他真正支持的其實是三爺高燧。早些年他力挺二王子，並非他有擁立高煦之心，而是他始終反對長子高熾，所以才與高煦產生共同語言，經常在一起說世子的壞話，其樂無窮。

然而黃儼心機很深，他在高煦面前說世子的短處，其意在挑撥離間，給高煦這桿槍裡裝填上彈藥，以加強打擊世子的火力，其實他是請善於征伐的高煦火中取栗，他好和高燧坐收漁翁之利。

三王子高燧，是朱棣寵愛的幼子。黃儼作為主子最為「體己」的家奴，他當然看得清燕王不喜歡長子，而次子有功，幼子特別蒙寵這樣一個形勢，所以把寶押在高燧身上。黃儼積極地開展活動，煽動其同夥，一幫太監老鴨子，整天呱呱叫，在朱棣耳朵邊聒噪，說三爺的好處（「往來飾譽高燧」），順便竭盡口舌攻擊世子的短處。這既是為高燧取天下立功，也是從諂朱棣，彷彿慢揉他的軟腹，令其舒坦。

黃儼可真是一隻老狐狸，徹底的政治動物，他雖然極得朱棣的寵愛，仍然在做著長遠的政治投機，力圖與最有前途的下一代建立起鞏固的政治聯盟。朱高煦說到底只是黃儼手中的一支槍，卻懵然不覺，對黃儼充滿好感，引以為同盟。

燕王內部這些不穩定因素，很快被朝廷偵知。

方孝孺有個門人，姓林，雙名嘉猷，曾經在燕王府做過事，深知這些內情，他把這些情報報告給老師。方孝孺很快想出一計，欲離間燕王父子，令其陣腳自亂，而後朝廷好乘之。

在奏明建文帝后，方孝孺以朝廷的名義寫了一封書信給燕王世子朱高熾，向他陳說大義及利害，勸他歸誠，並許諾將已經廢黜的燕王之位封給他。

方孝孺如此謀篇作文，是有依據的。原來朱高熾生於洪武十一年（一三七八年），僅比堂兄建文帝小一歲。洪武間，太祖朱元璋經常召孫兒輩來京，讓他們與太孫一起在大本堂讀書，藉以培養孫輩之間的感情。燕世子高熾與皇太孫允炆因為年紀相仿，性皆好文，相處比較融洽。

這似乎是眾所周知之事，朱高煦就拿此事作法，向父親進過讒。他私下對父親說：「世子有異心，您留他在北平居守，說不定他獻出城池，為朝廷固守，以抗拒父親呢！」朱棣不信：「你大哥素來孝謹，哪當有此？」高煦接著說：「大哥的確孝順，但他在太祖時，與皇太孫關係好得很咧！」朱棣聽了他的挑撥，默然不答，大約有些將信將疑了。

建文帝似乎也認為，憑過去的交情，再加進一些利害的調料，或許能夠說動朱高熾；即便他不聽，也希望此舉能夠促使燕王父子互相猜疑，自亂陣腳。

朝廷使者很快帶著蠟丸密書，潛行來到北平。但密使才進城，就被高煦兄弟和黃儼布下的眼線發現了，他們大喜過望，以為終於抓住世子密通朝廷、背叛父親的確鑿證據，扳倒世子的機會終於來啦！

黃儼立刻差人騎快馬趕赴軍前，急報燕王：「世子與朝廷通謀，使者已經攜密詔到了！」

這簡直是要逼死世子高熾的節奏啊！

朱棣聽了，非常吃驚，正在疑惑不決，世子的使者也急急趕到了。原來朱高熾接到朝廷勸降書後，並未打開，而是命人將來使與其所攜書信一起，直接押送到父親軍中，聽父親處分——這也是臣子無私交的意思。

朱棣展書一觀，立刻識破了朝廷的詭計，不禁發了一通感慨：「我父子至愛，尚為人所讒間，何況我與朝廷分屬君臣，奸人不更容易饞毀嗎？」

朱棣可算是善於發揮，不知道他能否想到，幫助朝廷「讒間」他父子的，其實正是他的親生骨血和他豢養的獵犬黃儼。

說起來，方孝孺的離間計並不怎麼高明，若論用心，卻極為狠毒。

一說起方孝孺，人們馬上會想到「滅十族」的慘事。方先生是愚忠建文的大忠臣，在建文帝敗亡後，他不止自己捐生殞命，還賠上了「十族」人命為他的皇帝殉葬。方先生本為一代大儒和理學名家，因為他號「正學」，人稱正學先生，學問做得最是醇厚溫恭，是公認的賢人。但他為了救皇帝之急難，竟然不顧斯文，獻上一根蜇人的毒針。

這似乎成為正學先生名譽史上的一個汙點，有人就搖頭嘆息道：

「引誘人家的兒子背叛、劫持其親生之父，如此毒計怎麼會從一位當世大儒的腦殼裡蹦出來，誠不可解也！這大概就是所謂的鋌而走險吧？（『殆所謂急而走險者耶』）」

「幸虧沒有成功！」這位批評家接著說，「否則真將遺羞萬世也。方先生一生以『正學』自詡，說話做事無不遵照聖賢所立的規矩，何以此次所為與生平之志如此背戾呢？真是難言哉、難言哉！」

批評家向來是好當的，譬如這位批評家開闔嘴皮，把方孝孺揪起來批判，話說得也太輕巧，他道燕王反抗朝廷本就不該，朝廷則更應持正大之體，起正義之師去收服他，怎麼好想出那樣齷齪的點子，誘人之子以叛其父？幸得朱棣沒有上當，否則方孝孺真要遺臭萬年洗不乾淨了。

這位酸腐評論家的中心思想是，孔子說：「君子即便在顛沛流離的環境下，亦不改其志」，你方先生怎麼臨難就變了呢？

嘴皮子先生的論調固然高亢，倒也指出了問題的實質。方孝孺是道學名宿，道學家最喜歡講的話是「餓死事小，失節事大」，最忌用詐與用力。為何方先生也學人耍飛刀，千里外發功，取人首級呢？

我們不必苛責於古人，輒輕易論定方孝孺是個假道學，此翁甘受凌遲苦刑，碎骨也不怕，一定要把篡逆之君痛快罵一場，亦足以自明瞭。然而方先生的終極志向，亦不過「死君」而已；知遇之主在他心目中的分量，竟比傾合族之血還要重！既然如此，他急君之急，在朝廷大廈將傾之際，設此毒計，恐怕也無法顧及其毒了，反正是飲鴆止渴，只求一時速效，賠上自己的名譽亦不惘惜。

「朝廷用兵已久，兵士疲敝，如今燕軍南來，漕路斷絕，糧餉供應不上，形勢已非常危急。」方孝孺指出朝廷面臨的危局，然後說道，「為今只有這一計了。如果此計奏效，燕庶人必疑心世子，他若生疑，定當北歸。燕庶人回到北平，則不得爭中原，這樣我軍漕運就通了，並且可以趁機集兵追襲其後，大局或許可以改觀。」

方孝孺是在計無所出的窘境下想出的這條計策。然而，君子肚皮裡憋出來的妙計，欲其奏「安天下」之效，著實也難，被朱棣電光一閃，馬上失效了——當然，其前提是朱高熾英明地做出了正確的反應，他若一時糊塗，打開了那封信，差不多等於親手拆開了標注著自己名字的死亡封印。

「正義」的朝廷一方，現在真是病急亂投醫了，除了使離間計，還綁架人質。

朱棣有一個女婿，名叫李讓，在大寧、白溝河等處作戰有功，朱棣讓他署掌北平布政司事，輔佐世子高熾居守。李讓的父親李申，官南京留守左衛指揮同知，在他親家燕王起兵後，李申一家人馬上被朝廷扣押，淪為階下囚。

但朝廷並不著急誅殺他們，好讓叛逆者痛苦，他們的性命攥在朝廷手裡，建文帝希望這些人質能發揮一些價值，就讓李申給他兒子寫信，招降李讓，立功贖罪。

「李讓如果來降，饒你一家不死。」建文帝慷慨地表示。

看官，請試想，誰要是接到這樣的家書，那真要嘔出血來。然而，李讓最終做出痛苦的選擇，對家書不作任何答覆。建文帝見李申沒有利用價值，也無二話，將其押赴市曹處斬，全家抄沒，姻親族黨不是坐死就是流放，李讓一族瞬間灰飛煙滅。

對於靖難這件往事，人們多責備朱棣慘殺，而忽視了建文帝亦非仁善之輩。那是一個殘酷的時代，當朱家人為帝位發生爭奪，所有人都必須在「忠、逆」之間做出抉擇，不管它有多麼困難，不管將帶來什麼樣的不幸人生，其實這也是一場賭博。

李讓的老婆永平郡主在朱棣即位後，由郡主進封為公主（永平公主），李讓也由儀賓升做駙馬都尉，並在永樂元年受封為富陽侯，食祿千石，死後追贈為景國公。這是對他做出「正確」抉擇的獎賞。

不過李讓在死後卻被追廢為庶人，他兒子李茂芳也受到牽連，所嗣富陽侯遭到削奪，下獄身死。這是何故呢？原來李讓在永樂朝三王爭嗣的宮廷鬥爭中，再一次做出了抉擇，然而這一次，他不幸選錯了支持對象，結果再一次給他的家族帶來覆頂之災。此為後話。

第二十八章　在皇家內訌的夾縫中生存

平燕之戰也好，靖難之役也好，它不過是一場由皇室內訌而引發的內戰。對立陣營中的成員，往往交織著複雜的人際關係與情感，在忠君之義上，他們是對手，而在私誼上，他們又多為親戚、舊故或僚友。

建文三年（一四〇一年），燕軍進攻河南彰德（今中國安陽），都督趙清嚴兵防守。朱棣派人勸降，說本王與朝廷之爭，這是我家的家事，最後都是朱家子孫做皇帝，你做臣子的，何必執拗，不如歸降。

朱棣所言，並非無理，趙清的答覆不卑不亢：

「殿下至京師之日，只須片紙來召，未將不敢不至。」

但他同時說：「然今日我為朝廷守此封疆，豈敢棄君之命？恕難從命。」

請看，趙清並沒有拿朱棣作不共戴天的亂臣賊子，他說，我為朝廷守土，未奉朝命，不敢棄方寸之疆土；但他同時說，你只要打上金鑾殿，「殿下至京師之日」，我就擁戴你，到時但管寫一個字來召，我沒有不奉命的。

趙清的話代表了許多地方守臣的心理，在他們眼裡，燕軍不是盜賊和入侵的蠻夷，燕王與朝廷爭衡，是皇帝的家事，只要朱棣有本事推翻「今上」，登上寶位，戴上冠冕，他就是真命天子。

事實也是這樣，當建文四年（一四〇二年）夏天出燕軍人意料地突然攻破南京，偌大的天下，都跑去擁戴新天子了，而昔日「天下歸心」的合法皇帝建文帝頓時變為棄物。

這使得許多文武官員，特別是地方守臣，在與燕軍作戰時，意志不那麼堅決，甚至採取騎牆觀望的態度，不願與燕王過分為敵。朱棣頓兵彰德城下，吃了趙清的軟釘子，他不願強攻，轉而向西攻打林縣西北的要地蟻尖寨，此寨一克，順德（今中國河北邢台）、大名（今屬中國河北邯鄲市）、衛輝（今屬中國河南新鄉）等大城望風歸降，黃河之北的中原腹地，唯有保定還在朝廷手中。

相對於普通文武將吏，朝廷勳貴之家，他們與皇室的利益糾葛，就要複雜得多，因而做出抉擇更難，往往沒有任何的轉圜餘地——李讓即是絕好的例證。

洪武、建文間最重要的勳戚貴胄，是魏國公徐家。徐達的子孫，此時的處境異常尷尬，因為燕王朱棣的王妃，正是徐達的長女——大明「勳臣第一」的魏國公，卻是朝廷叛逆的至親！

徐達一共四個兒子，分別叫輝祖、添福、膺緒、增壽，嗣爵者為長子徐輝祖。魏國公徐輝祖與曹國公李景隆一樣，都是第二代勳臣中的佼佼者，他們在洪武末年分領中軍和左軍都督府。中軍都督府掌管北方都司衛所，所以徐輝祖多次到陝西、北平、山東、河南等地練兵。鎮守北平的燕王朱棣趁機拉攏，但他很快發現，這位內兄不太講情面，在許多事情上都不買他的帳。朱棣部下有個蒙古降將叫阿魯帖木兒，雖然已投南朝，卻仍然與北元保持著聯絡，此事被徐輝祖查到，立刻下令將其逮捕處死，朱棣親自出面求情都不管用。

當朱棣決策起兵自救時，有個棘手的難題：他的次子高煦還在京師，就住在舅舅魏國公府。當時朝廷內外都懷疑朱棣有逆謀，但只是猜測，並沒有掌握實際的證據，然而已是山雨欲來風滿樓。朱棣祕密派人上京，找到高煦，令他速速北返。高煦知道繼續在南京待下去將有性命之憂，他不敢告訴舅舅，就在府中偷了一匹良馬，不辭而別，私自逃回北平。等到徐輝祖發現，派人去追時，他已經逃出很遠了。

徐輝祖不敢隱瞞，立即將此事報告朝廷。他的表現獲得建文帝的好感與信任，在建文末期，開始放他出外領兵，與燕軍作戰。徐輝祖頗有將才，他曾率兵增援山東，在齊眉山擊敗燕軍，他堅持抗戰，直到燕兵渡江，猶然奮戰不已，還在浦子口力挫燕軍，差一點讓朱棣打了退堂鼓。

徐輝祖堅定地站在朝廷一方，而他的弟弟徐增壽所持立場正好相反。

徐增壽是徐達最小的兒子，仰仗父親的蔭功，已做到正一品的左都督；他雖然沒幹過什麼實際工作，畢竟官高，也算是明初「官二代」中的翹楚。

建文帝知道他與燕王關係密切，在舉朝輿論都說燕王必反時，曾親口向他詢問：燕王是否會反？徐增壽拍胸脯道：「絕無此事！燕王與先帝（指懿文太子）同氣，富貴已極，何故反！」但他的包票並不靈，話音未落，朱棣就反了。但建文帝並未追究他胡亂替人擔保的責任。可是徐增壽並無感激之心，反而暗中與北平方面聯絡，將朝中虛實透漏給燕王。

另一位值得一提的皇親，是駙馬都尉梅殷。

梅殷是開國功臣汝南侯梅思祖的侄子。梅思祖是一隻善變的變色龍，他最先是效忠元朝的義兵元帥，後來叛元，追隨龍鳳政權的劉福通。他的叛變行為導致其父被元朝大帥擴廓帖木兒（即王保保）剁成肉泥（醢刑）。梅思祖的選擇可是他親爹的血肉化泥換來的，總要信守幾天吧？可是不然，他依附龍鳳政權沒多久，又去投靠了張士誠，做了張的中書左丞，替「吳國」鎮守淮上重地淮安。這樣一個投降派，一來就讓他做大官，張士誠算是對得起他了。那時張士誠與朱元璋作戰正急，但梅思祖不「思」報答，反而很快辜負了張氏的信任，獻出所守四州之地，投降了朱元璋。為此，張士誠殺了他兄弟數人。

從梅思祖的「移動軌跡」來看，此人是一個泥鰍般滑溜易變而不講信義之人，永遠只向強者輸誠，他的親爹和兄弟，都受了他的連累，不得好死。

梅殷大概就是被梅思祖害死的某個兄弟的兒子，由梅思祖撫養長大。梅殷在洪武十一年（一三七八年）「尚主」，娶了朱元璋的第二個女兒，馬皇后所生的寧國公主為妻。梅思祖在洪武十五年（一三八二年）卒於雲南，但到洪武二十三年（一三九〇年）故丞相胡惟庸黨案再發時，這位作古之侯仍然受到追究，一家人都被殺死——梅思祖死了還連累家人，可稱天下第一的掃把星。

梅殷作為駙馬，倖免於難。

梅殷雖然也姓梅，但在情操上與梅思祖大異，他是個很忠實的人。據說，朱元璋在眾多女婿中，最喜歡梅殷，晚年因「諸王強盛」，還祕密地命他「輔皇太孫」。

當燕師日逼日近時，梅殷受命充總兵官，鎮守淮安。淮安對於梅家可謂故地，當年梅思祖就曾替張士誠守過淮安，結果他拿淮安做了降順朱元璋的見面禮。如今，面臨燕軍的猛烈攻擊，淮安在梅殷的堅守下，堅如磐石。燕軍兵力有限，也不敢拿生力軍往這座堅城上硬撞。

建文四年（一四〇二年），燕軍取得軍事上的重大突破，兵鋒南下，直逼淮上，但欲渡淮，則懼淮安拊其背，朱棣寢食難安，淮安成為必須拔除的背上芒刺。

朱棣以為挾戰勝之威，定能動搖梅殷，就遣使來向妹夫借道，說是要給鳳陽的祖陵上香。梅殷的答覆不卑不亢，他說：「進香，皇考（朱元璋）有禁，不遵者為不孝。」他沒有說君臣大義，說的是親戚間的話。

朱棣被拒，知道妹夫不可能輕易勸降，於是親筆寫了一封措辭強烈的警告信，稱「我興兵誅君側之惡，天命有歸，非人所能阻」，暗示梅殷螳臂當車，希望用氣勢懾服、警醒這位不識趣的駙馬爺。

不料梅殷回覆得乾脆決絕，他命人將燕使的耳朵和鼻子割去，然後將其縱歸，並對他說：「本帥留下你的嘴巴，好給你家殿下講講君臣大義。」朱棣氣得要死，可是沒有辦法，只好向南越出泗州，出天長，取道揚州，進攻南京。

還有一位太祖的駙馬爺，名叫李堅，「尚」的是朱元璋第七個女兒大名公主。

李堅在建文初，以左副將軍的官職從耿炳文征燕，以戰功受封為灤城侯。在著名的滹沱河之戰中，李堅受傷被擒，在械送北平的途中道亡。由他年僅七歲的兒子李莊嗣爵。朱棣即位後，將這位妹夫列名奸黨，幸虧李莊的母親是公主，才免於刑罰。但大名公主豈敢再居因伐燕之功而得到的爵位？遂將封侯誥券上繳。

駙馬梅殷、李堅都是忠於建文帝的，而在建文眾多姑父中，也有傾心燕王的，比如駙馬王寧。王寧所尚之主為朱元璋第六女懷慶公主，公主之母是成穆孫貴妃。

前文說到，孫貴妃收養過周王，她的女兒與周王的關係，在眾兄弟姊妹中可能更親近些。雖然燕王與周王是否是親兄弟，還不明確，但二王關係親密，則懷慶公主夫婦在情感上與燕王較近也有較大可能。

也許是這個緣故，王寧經常將朝廷的祕密情報洩露給燕王，事情敗露後，被拿下錦衣衛獄，還被抄了家。

照理說，公主之府是應該免於抄沒的，可能懷慶公主此時已死了吧。王寧在洪武時，曾以駙馬的身分掌後軍都督府。在建文朝，卻了無建樹，令他備感落寞，遂化一片哀思，寄情於燕王，順便押一寶，希圖異日有後福。

朱棣上臺後，果然誇王寧「孝於太祖，忠於國家」，說他「正直不阿，橫遭誣構」，封他為永春侯，予世券世襲。這位潛伏在朝廷的南京情報站長，情報工作做的不怎樣，更是絲毫軍功未立，白白撿了個世襲的侯爵。

第四卷

建文帝的生與死

第二十九章　朱家姊妹兄弟齊來做說客

當平燕戰爭初起時，沒有多少人認為燕王會操有勝券，然而我們從徐增壽、王寧等勳臣貴戚同情甚至背地裡暗中幫助燕王來看，建文朝廷沒有在「國有大事」之際甄別緩急，籠絡、凝聚人心，犯了興亡的大忌。

前文說到，朱元璋把死去哥哥的女兒，即皇侄女封為慶陽公主，這是破格的恩典。到建文小子即位時，老人家做公主已經二十多年了，公主的名分又不能世襲，朝廷內外還有那麼多大事需要處理，公主的封號正不正，是要緊的急務？尤其是朝廷正在厲行削藩，向一部分宗人下手，此時尤須維繫皇室內部的人心。但年少氣盛的建文帝偏要較真，上臺未久，就把老姑的公主名號給削了，降稱慶成郡主。老公主心裡會怎麼想？她對新君能有親近感嗎？

建文帝嚴厲、躁急而殘酷的削藩政策，在皇室內部也激起了較大的義憤，失去了一部分人心。

許多貴戚對建文帝一味倚賴黃子澄、方孝孺等一群儒臣辦事，而對勳貴較為冷落刻薄的做法非常不滿——在太祖皇帝時，他們飛揚跋扈慣了，從沒把滿朝酸子（文官）放眼裡！

這種心態為朱棣準確地掌握，他在反旗上大書誅殺齊、黃等「奸臣」幾個大字，不單齊、黃，在他嘴裡，「左班文臣」沒有一個不是奸臣！

當然，這並非燕王的本心，只是他利用在京勳戚的不滿，故意喊出的口號。

總之，隨著戰局日益向燕王一方傾斜，力量的強弱發生質變轉換，許多貴戚開始與朝廷離心離德，他們心中的天平愈來愈向燕王傾斜，建文帝遭到出賣，是只爭早晚了。

當燕軍渡過淮河，向長江挺進時，建文帝發現他的削藩政策大失宗室之心，然而到大難臨頭時，他所能倚重者，仍然還是宗室。建文四年（一四〇二年）五月二十五日，建文帝不得不請由公主降封的慶成郡主出山，代表他去燕王軍中議和。

慶成郡主見到堂弟朱棣，倒還盡心替朝廷出力，苦口婆心勸他罷兵，說：「這三、四年動軍馬，運糧的百姓、廝殺的軍馬，死的多了。事都是一家的事，軍馬不要過江，請轉馬回去，天下太平了，卻不好！」

朱棣稱郡主為「老姐姐公主」，他見郡主不說是銜君命而來，只稱受了眾兄弟姊妹的托來講和的，也便只請郡主回去給兄弟妹妹們帶話，壓根不提建文帝。

他說：「我之興兵，別無他事，只為報父皇之仇，誅討奸惡，扶持宗社，以安天下軍民，使父皇基業，永傳子孫萬世，我豈有他心哉？」然後大罵朝中奸臣如何戕害諸王，立誓必報此仇。但他不說這是自己的仇、諸王的仇，卻說「奸黨」害我父皇子孫，圖我父皇天下，是「父皇之仇」；還說自起兵靖難，他如何「仰荷天地祖宗神明之靈，憐其忠孝之心，冥加祐護」，所以才累戰累勝。

郡主的一團熱火，被朱棣滔滔不絕的口水澆滅了，她心知親情已無法打動燕王，便委婉地提出，只要燕王肯退兵，什麼都可以商量，包括割讓土地。

議和自然不是郡主自作主張，她一定得到朝廷的某種授權，才敢提出來。建文帝開出的具體條件不詳，大概不是將北平一帶永遠割封給燕王，令其政令自專，朝廷不再干預，就是乾脆把黃河以北他現在所占之地統統許給燕王。這對於朝廷已是剜瘡割肉之舉，但「燕庶人」此時已飲馬長江，京師在其馬鞭所指，這點誘餌豈能使他滿足！

燕王不置可否，只是說：「今大兵渡江，眾兄弟妹妹卻來勸我回北平，可是孝陵尚未祭祀，父皇之仇尚未能報，奸惡尚未能獲，請眾兄妹們以情度之，孝子之心，果安在哉？」

談話到此，慶成郡主已知事不可為，只好嘆息著回京覆命。

不久，朝廷水師都督陳瑄率全軍「起義」。長江之險是南京城唯一的屏障，水師倒戈，彷彿為北方鐵騎搭起了浮橋。燕軍抓住時機，於六月三日從南京以東約百里的高資港渡江，擊敗尚在頑強抵抗的盛庸部水軍，鎮江守將童俊不戰而降。八日，燕軍進至南京東郊的龍潭。

到這時，南京城破只是時間問題，城內所有人都必須認真考慮自己的出路了。

六月九日，已經手足無措的建文帝急令在京諸王分守京城各門，他真是慌了神，否則不該想不到，每個銜命的親王，都可能在心裡吐一口氣：「小鬼，你才知道俺們有用啊！」靠這些王爺守城，與請老鼠來看倉糧，有何區別？

建文帝手裡還死死攥住最後一根救命稻草，他派曹國公李景隆、兵部尚書茹瑺和都督王佐等人前往龍潭，向兵臨城下的燕王再申前議，請求議和。

慶成郡主做不到的，憑什麼相信燕王的手下敗將李景隆能做到？建文帝此時也是百無聊賴，只好死馬當活馬醫了。

在實錄中，朱棣的史官稱朝廷此舉實為緩兵之計，真實意圖是等待勤王之師的到來，然後內外夾擊，決死一戰。並稱這是方孝孺給建文帝出的餿主意，方孝孺還給建文帝準備了預案，一旦不能成功，就請建文帝學當年的唐明皇，逃到四川去，收集士馬，以圖再舉。

自然，以燕王的英明，馬上識破了朝廷的詭計，還借此把侄皇帝大大羞辱了一番。實錄記載，李景隆等入見時，俯伏惶恐，汗流浹背，不敢仰視。朱棣不鹹不淡地道：「公等勤勞至此，雅意良厚。」景隆等不能發一語，只是再三叩頭。

「公等有所欲言，第言之。」朱棣道。

李景隆等就把割地請和的話講了。

「公等是來作說客嗎？」

朱棣聽罷笑道：「我始無過，朝廷輒加以大罪，削為庶人，以兵圍逼，還稱大義滅親。」說時臉色漸漸沉下來：「我今日救死不暇，要地何為？」

「且割地何名？」他接著說道，「我皇考太祖皇帝混一天下，諸王裂土分封，各有定分，割地之說，是誰主張？定然又是奸臣之計了！我今日來，但欲得奸臣，別無話好說。公等回奏聖上，只要將奸臣送到軍中，我即解甲免胄，謝罪闕下，然後歸藩，永祇臣節。」

他還賭誓說：

「天地神明在上，我心明如皎日，不敢渝也！」

朱棣這番大話，可騙不了看官諸公，李景隆等人自然也是不信的。朱棣不過玩弄文字遊戲，諷刺大廈將傾的侄子皇帝，戲耍幾個使臣好玩罷了。可他們不敢反駁，老老實實聽了一番教訓，灰溜溜回去，乖乖稟告。

孰知建文帝是急瘋了的，已是慌不擇路、饑不擇食，燕王之言，大家都聽得出來，那不過是曲高而不著調的戲言，他竟也信了，命李景隆等人復至燕軍回話，稱燕王所指的幾個罪人俱已貶竄到外地，請俟其逮到，再送到燕王軍中治罪。

建文帝確實把功夫做足，將幾個「奸臣」的官都給罷了。李景隆見皇上如此迂闊，遲回不肯動身，他曉得，現在就是把齊泰、黃子澄等「奸臣」的肉燉好了送到燕軍營裡，燕王也不會罷兵。此行不過多此一舉，況且他還很害怕再見到燕王。

建文帝只好動員在京的十九皇叔谷王和二十二皇叔安王一起出城去拜訪燕王，請他們務必把燕王勸轉回去——建文真乃一癡人也！他要是能預知將來正是這幾位王爺率先獻城投戈，又率領滿朝大臣合詞勸進，他還不如趁早逃了，不管是入蜀還是入閩，總比被人逼在甕中，自焚死了的強。

六月十一日，谷、安二王來到燕王軍中，見到氣雄萬里的四哥。相見之下，兄弟們尷尬之餘，感慨良多。安王朱楹才二十出頭，他比四哥小了約二十歲，因為娶了徐達的第三個女兒，他與朱棣既是兄弟，又屬連襟，應該算是很親的了，可是他一共也沒見過四哥幾面，如今皇上令他來做說客，他實在難以啟齒，話不知從何說起，嗑不知從哪裡開始嘮，只在座位上靦腆扭動，頻頻轉臉去覷谷王。

然而谷王朱橞更是觳觫不安，他本來鎮守北邊重鎮宣府，當四哥起兵時，曾派人來向他徵兵，他不敢從命，更不敢集兵相拒，於是腳底抹油，逃回京師。當逃兵比敗軍之將更丟臉。他絕未料到，有朝一日，將與四哥在這種情形下相見，不免把腸子都悔青了，只恨當初不附四哥起兵，否則現在也是從龍的大功臣。

想到這裡，谷王不禁心念一動，開始動起歪主意。

王爺們各懷心事，正不知如何開口，燕王卻先哭起來。只聽他憤然道：「弟弟們，你們也是來做說客的吧！你們替為兄想一想，朝廷所言，是否確當？是誠是偽？是出自於君斷，還是奸臣之謀？」

王爺們懾於燕王的威勢，不敢異議，只好附和著說：「兄長洞察，弟弟們還有什麼好說。弟弟們此行，實在情非得已。」一句「情非得已」，算是把在京苦等佳音的皇上其全部盼頭給澆熄了。

燕王說：「我此來，但得奸臣而已，不知其他。」遂不再多說，命帳中賜宴，招待諸王。王爺們吃得沒滋沒味，倉促告了個飽，回京覆命去也。

第三十章　周公進京，成王死了

在一個個談判使團灰頭土腦、鎩羽而歸時，建文帝雖極不情願，卻也不得不面對一個殘酷的現實：王朝的末日降臨了。而諷刺的是，他由此才得到一次機會，檢驗到底誰才是忠臣。

樹倒猢猻散，建文發現，血緣最親的勳戚，最先背棄了他，而真正捨得為他獻身的，只是一些手無縛雞之力的文官。太常寺少卿廖升，聽到談判失敗的消息，知道大勢已去，在與家人訣別後，於燕軍進城前自縊而死，成為第一個為建文殉葬的大臣。

廖升之死，當然出自忠義，但可能也是為了保護其家人。因為他任過《明太祖實錄》修稿的副總裁，實錄裡對「燕庶人」沒啥好話，前胸釘一個「奸」，後背綴一個「逆」，而如今齊天大聖反上了凌霄寶殿，豈肯放過他。不如趁早自死了，或許燕王念在他認罪態度好，放過他的家屬。

此時朝廷已經大亂，人人自危，個個思飛，大批官員聚集在朝堂上，坐等末日的到來。建文帝眉毛鬍子全是火，一腦門煙燻火燎，一再向眾官問計。但庭下多數人一言不發，保持沉默。一些年輕激越的官員，情緒開始亢奮，對即將主宰其命運的燕王，言辭上也不恭起來，人群中還發生了激烈的爭辯。

他們想不通，為何數年艱難，竟是這樣一個玉碎的結局？這些捧讀聖賢書的年輕人，雖不能披甲出戰，但心中積滿憤懣之氣，幾乎要爆炸，非抒發出來不可。

御史魏冕發現都督徐增壽站在朝班中，一副漠然的表情，還撚起指尖，作勢彈了一下衣袖上的塵土。煌煌金鑾殿上，難道會落下積灰？這條燕狗不過幸災樂禍罷了！想到這裡，魏冕氣不過，怒沖沖跑出朝班，立時在御前參劾徐增壽，指責他暗通叛王，心懷異志，請嚴加處置，以振作綱紀。

與眾官的心態不同，徐增壽非常坦然，皇上擊朝鐘召群臣商議對策，他不得不來，但他就是看熱鬧來的。沒想到被一個小官揪住，把他一頓數落，他的火也竄起來，不顧在朝堂之上，回口怒罵。而他傲然無君的舉動立刻觸犯了眾怒，早有一班年輕的科道官，齊擁上前，舉手抬腳，圍打徐增壽。

文官聚毆武將，這還是開國以來的第一遭。平日威嚴肅穆的宮殿內，立刻變成了販夫走卒打鬧的市井之地。

建文帝坐在金臺之上，見殿堂間烏煙瘴氣，一片混亂，臉色鐵青，說不出話來。

只聽魏冕與大理寺丞鄒瑾高舉牙笏，從班次大亂的人群裡擠出來，大聲疾呼：「請皇上傳旨，誅此逆臣！」建文帝心亂如麻，沒做任何表示，從寶座上拂衣起身，望後走去。

朝廷、皇帝、百官，已如甕中之鱉，困坐危城。

他們唯一能想出來的辦法，就是堅守待援，這彷彿絕症待斃之人，總要吃一副藥，聽一些藥到病除的鬼話。但援兵在哪裡？圍城中也派出許多人，懷藏蠟丸，四處去徵召天下勤王之師，但多數人離城未遠，就被燕軍遊騎捕獲。其實這些蠟書即便順利送出去，也難以指望援兵的到來。個別漏網者，在燕王即位後，被地方拿送上京，轉而成為地方官投靠新朝的投名狀。

天地間已是一片黑沉沉、慘顏變色的末日景象。

六月十三日，燕兵大隊出現在南京東邊的金川門。

朱棣寫了封給眾兄弟親王、姊妹公主的信，射進城來，書上重複了五月二十五日「老姐姐公主」慶成郡主來營交涉的話，但眼下又與彼時不同，大軍已兵臨城下，所以一番表白後，他說了下面一段話：

「如朝廷知我忠孝之心，能行周成王故事，我當如周公一般輔佐他，以安天下蒼生。如其不然，爾眾兄弟親王、妹妹公主及親戚們當速挈家眷，移居孝陵，城破之日，庶免驚恐。

幸審之、詳之！」

這是給建文帝的最後通牒，他不可能辛苦數年，占領了京城，又返回封地，他要效仿周公輔佐成王的故事，做大明的攝政王。

周公是周武王的弟弟，在武王死後，辛辛苦苦輔佐他的兒子成王，穩定了新興的周朝的統治，周公也成為孔子之前的一位聖人。不過，朱棣自稱要學周公，不太像，我們不妨給他換個例子，他學的頂多是王莽輔漢的故事——末了，還是要篡的！

這封信自金川門射入，它說是給親王、公主的，想必當即就被屯守金川門的谷王朱橞和曹國公李景隆拆看了。這兩位滑頭見機行事，立刻回應燕王的感召，下令軍士解甲，開門迎降。而朝中尚不知覺。

建文帝此時宛如一隻火中的困獸，鬚髮皆燎，身心俱痛，不巧有個倒楣鬼撞上他的槍口找死來了。此人正是那位挨打的左都督徐增壽。他因為向燕王密通款曲，遭到嚴厲的彈劾，但數次被建文帝饒過，這回決不可再饒。建文帝心裡不痛快，要找人出氣，登時想起他來，把他找來，狗血噴頭，一頓痛罵，好像天下事都是被他敗壞的。徐增壽匍匐在地，嚇得大汗淋漓，渾身顫抖，不敢奏辯一言。他不說話，建文帝以為他故作倔強，欺負自己「柔弱」，愈發盛怒，當下拔出佩刀，一刀將他剁翻。

徐增壽真是笨的可以，燕王要進城了，好心寫封信，請親朋好友們趕快躲起來，他還不快點逃，居然去觸建文帝的霉頭，結果血塗殿廡，做了一隻冤鬼。

建文帝殺死徐增壽，忽聽左右喧嘩，哄傳谷王和曹國公開金川門投降了。建文帝怔了一怔，眼見宮中大亂，宮人四散奔逃，他身邊的宦官也不安分了，有的竟然喧口叫囂，請皇上避位（讓位），有的手腳麻溜，動手不動口，竊取了御寶敕印，逃到燕營報效去了。

建文帝知大勢已去，兩行淚滾滾而落，長作一聲無可奈何之嘆，就眼望蒼天，舉了一把火，要將這不再屬於自己的花花世界燒個乾乾淨淨！

見宮中火起，一些朝臣知道自己的大限已到，決心拋灑一腔忠臣之血，為亡君殉葬，有自殺的，有罵賊而為篡逆者所殺的；當然更多的人在為自己的前途打算，尋思以什麼樣的法子，為新主所知遇，朝廷換了，富貴可不許失！種種生態，皆不細表。

且說朱棣見金川門大開，谷王、曹國公獻城來降，大為高興，立刻整軍入城。同時派了兩支特遣突擊隊，去執行兩項特別的使命：一支由宦官劉通率領，直奔宮城，救大內之火，並負責「清宮」，他還有一項祕密使命，即祕密處理掉建文帝，如果他還活著的話；另一支則去解救禁錮已久的周、齊二王。

周王朱橚和齊王朱榑已被監禁三年之久，吃盡苦頭，這幾個月來防守不那麼嚴了，偶爾一些朝廷戰局不利的風聲也能透進森密的監室，他們不知該喜還是該憂。

這一天忽聽外間甚是喧鬧，兵器撞擊之聲大作，突然門被撞開，一大隊全副武裝的軍人，持刀揮劍，殺了進來。二王嚇得渾身篩糠，以為建文帝派人殺他們來了。等到軍士們客客氣氣將他們扶起，才曉得是京城已破，燕王進城，出頭之日到了。乃破涕為笑，重整衣冠，高高興興去見燕王。恰好燕王按轡進城，二王在馬前叩頭，燕王非常高興，親自下馬攙扶，左邊一搭，右邊一扣，與二王攜手走上金川門城樓，共話別情。三兄弟眼淚合著鼻涕，又哭又笑，不知演的是哪一齣戲。

待城中略定，朱棣亟不可待地就要入宮，嘗試一下九龍寶座的滋味了。一時興奮，卻忘了一件極重要的大事。不過不要緊，有人提醒他來了。一個身穿七品文官官服的人出現在駕前，自稱是翰林院編修楊子榮，拜見燕王，有要事當奏。

朱棣讓護衛放他近前，還未下問，這位年輕的楊編修慨然問道：「殿下是先謁陵乎，還是先即位乎？」

即位是朱棣這位「當代周公」的心事，被此人說中，自然大喜。而「謁陵」之問，卻提醒了他：此番進京，所扛大旗上不大大書著「為父皇報仇」嘛？怎麼剛剛得手，竊物還未入懷，就忘了那句口號？

朱棣憬然醒悟，命人記下此人的姓名與官職，然後傳旨：「擺駕，孝陵去！」說不得在老爺子的墳前，落下幾滴惺惺之淚，雖然濕不了墳土，卻希望騙得了世人。只嘆壞脾氣的朱元璋沒法從地底下跳出來，否則飽之以老拳，那戲就更好看了。

這位楊子榮，是建文二年進士，乃建文帝親取之士，但天子老師剛死，他就躥上終南捷徑，投靠了新主，為口稱要當周公，實際想戴「白帽子」的燕王立下一功，「自是遂受知」。朱棣即位後，立即將他選入內閣，並且為之更名為榮，此人便是明初著名的「三楊」[1]之一的楊榮。

拜完陵，朱棣進入煙火還未完全熄滅的建文「故宮」。負責「清宮」的宦官劉通來報：皇上已自焚而死。朱棣懸著的心頓時輕鬆，不免又要扮一次哭相，苦了臉，令劉通將焦黑的玉體先斂起來，六日後以「帝禮」下葬。至於那具燒得不成樣子的帝屍，他才不要看呢！

這時又抬來一具屍體，是都督徐增壽的。哎呀呀，這下可見著親人了！朱棣抱著那具血糊糊的屍體，大哭起來。登基後，他不忘小舅子殉死之情，追封其為武陽侯，諡忠湣，不久又進封定國公。

他夫人徐氏一門，就有了兩位世襲的公爵，一位魏國公，一位定國公。因為定國公恰

1 「三楊」指三位姓楊的內閣輔臣，另兩位是楊士奇和楊溥。

恰是一位「靖難功臣」，與朱棣這一系的關係比魏國公更親近些，所以遷都後，定國公一族隨駕去了北京，魏國公一族則被留在南京，世代擔任南京守備的職務。一門兩公，且與王朝相始終，這在明代是獨一無二的。

第三十一章 文東武西，朱棣心事在「右」

朱棣進城後，榜示「奸惡官員」，大肆抓捕他藉口起兵的「左班奸臣」們。

他在進城前給親王、公主的信中，惡狠狠地將文官詛咒為「奸臣」與「小人」，都是「我父皇殺不盡之餘黨」，已經為即將展開的大屠殺做了預告。

朝會時，文左（東）武右（西），各依官品排班，故以「左班」代指文臣。依朱棣的意思，文臣不是奸黨，也有奸黨的嫌疑。有意思的是，和他血泊裡打滾了三年多的朝廷大將，倒沒幾個有幸登入「奸臣」的黑名單。

其實，朱棣是槍桿子裡出政權，最迷信武力了，他從未把手不能提、肩不能扛的酸腐秀才放在眼裡。古人說，秀才造反，三年不成；這是強權者的共識。

朱棣剛在寶位上坐定，早有人將建文帝的軍師方孝孺擒了來獻，他的首席軍師姚廣孝曾勸他手下留情，幸勿殺害方孝孺，好給天下留一點讀書種子。這大概是軍師惜軍師的美意吧！朱棣還記得這話，但要求方孝孺立功贖罪，方許饒他一死，條件是撰寫即位詔書。不料方孝孺望著被煙火燻得黑魆魆、暗淡無光的殿庭，悲聲大哭起來。

朱棣皺皺眉，沒有發作，從御榻上走下來，和顏道：

「先生毋自苦，我欲效法周公輔佐成王耳。」

方孝孺止悲道：「成王在哪裡？」

「他自焚死了。」

「何不立成王之子？」

朱棣想到建文帝的孩兒還小，便道：「國賴長君。」

「何不立成王之弟？」

方孝孺瞪眼，連珠炮地追問，句句鑿在朱棣的歪理上。建文帝的孩子小，但他的弟弟們都是大夥子了呀！

朱棣不耐煩跟他扯嘴皮子，道：「這是朕的家事，你不須管！」命左右準備筆紙。

「詔告天下之文，非先生大筆不可！」

方孝孺的文章，「醇深雄邁」，為一代名家，他的手筆，還是要借重的。

但方孝孺已立定了為先帝殉葬的心，他投筆於地，且哭且罵：「死就死，詔決不可草！」這一舉動徹底激怒了朱棣，命將文弱的老書生推到市曹，處以磔刑。

方孝孺死時，年僅四十六歲。他雖然沒有死於「民族氣節」，不能像岳飛、文天祥、史可法那樣，在史書中巍然凜立；他的死，一樣令人痛惜。篡位者不是一篇他的大作都得不到嗎？朱棣恨恨不已，決心報復，不僅要殺其身，還要讓他的全部作品消失。整個永樂時期，方孝孺的著作都是禁書，藏其文字，是要冒殺頭的危險的。今天仍能看到相關的證據，如葬在鳳陽的信國公湯和的墓前，有一塊巨大的神道碑，由於碑文是方孝孺所作，字字皆被鑿破，只有碑額，因為有「敕建」字樣而得以倖免。而「左班」裡投靠新主的文人們，則更為惡毒，他們在重新改竄《明太祖實錄》時，明明是自己搖起尾巴向新主獻媚，偏要誣衊方孝孺，說他懼死，臨刑叩頭乞憐。

「三楊」之中，楊榮長於謀略，所以獻計，請朱棣先拜孝陵，然後登基；楊士奇長於文字，三修《明太祖實錄》，他都參與了，這三種實錄，內容大相徑庭，但無論怎麼寫，這位楊文貞公都轉筆自如，令皇帝滿意。方孝孺是他在翰林院的前輩，他在總裁修訂《明太祖實錄》時，竟忍心給方孝孺大潑汙水，這到底是於名節有虧呢，還是毫無名節與廉恥？

總之，凡建文之忠臣，皆在必殺之列。《明史》中有一類傳（列傳第二十九），所載盡為此等人物。一時繁榮的南都，竟成人間煉獄，血肉橫飛，令人慘心毒目。《明史》說「革除之際，倒行逆施，慚德亦曷可掩哉！」——「倒行逆施」四字，配給朱棣，可謂至論！

朱棣如今掌了權，一邊是四海歸心，一邊是大肆清除異己。文人書生，不過任其侮辱，隨其虐殺。真正令朱棣擔心的，其實非左班文臣，而是右班武臣，是朝中勳貴和四方掌兵的武將們。但他即位之初，即便對某些人恨得要死，也不得不善為委蛇，稍假優容，待日後再報。

先說第一任征燕大將軍，建文帝的「保嫡大將」耿炳文。

耿炳文建文元年戰歿於真定。許多明代著述，如黃金《開國功臣錄》、黃佐《革除遺事》、高岱《鴻猷錄》等書，都是這麼記載的。可是耿炳文在《明太宗實錄》裡，卻多續了幾年陽壽，一直「活」到永樂二年。

這年十月，久無訊息的他突然在實錄裡還了陽，起因是刑部尚書鄭賜和都察院左都御史陳瑛，聯手彈劾，指責他不遵禮典，所用衣服器皿飾以龍鳳，玉帶用紅鞓。

明白人一聽，就曉得這所謂「僭妄不道」實為欲加之罪、必殺之計。《明史．耿炳文傳》

說他深明此理，馬上就自殺了。但明實錄並沒有說耿炳文自殺，只說朱棣相當寬容，對針對耿炳文的「交章劾奏」，只淡淡地表示：「先朝老臣亦為此乎？命速改之。」此後耿炳文就移民火星，與地球失聯了。

一些記載說，耿炳文北征無功，虧了他兒子耿璿娶了江都公主（建文帝姐姐），所以朝廷沒有降罪。朱棣登基後，眾人皆去逢迎，耿璿卻與公主閉門哀鳴。陳瑛（此人是永樂朝的酷吏，是幫助朱棣虐殺的主要鷹犬，後來也被「走狗烹」了）等人遂在主子的授意下，羅織其罪，朱棣便下詔籍其家，耿炳文迫不得已，蹌踉踉自裁，他的幾個兒子，包括駙馬耿璿及耿瓛、耿瑄等，皆「坐罪」而死。

以上兩種說法，關乎耿氏名節，並非小可：如果耿炳文是投順後再自殺，則他不過是一畏死而終不免於死的懦夫，如查繼佐著《罪惟錄》，就將耿炳文列在《庸誤諸臣傳》裡；如果是戰歿於陣，則為朝廷捐軀，那就是「真得死所，成就一生名節」。是好是歹，關鍵在於他什麼時候死、因何而死。

由於《明史》的影響，耿炳文投順自殺，幾成鐵案。直到顧誠先生撰文考證，才還原了耿炳文戰死的真相（見《靖難之役與耿炳文、沐晟家族》一文）。

顧先生發現一種新史料：《濠梁慎庵耿公墓田碑記》。碑記裡說，耿炳文死後，建文帝「痛甚」，親制哀文，遣太監諭祭，命有司治墳塋，還賜其家鄉臨濠山地三百頃、佃戶二千人、守墳人二百戶，並撥京衛軍士十五戶充耿墳之儀仗戶。碑記所記鑿鑿，可知耿炳文確實是在「援真定」時，「歿於陣」的。

除了《耿公墓田碑記》，我也發現一份佐證資料，特貢獻於此。這份史料是一九九四年南京出土的《長興侯夫人陳氏墓誌銘》。耿炳文的夫人陳氏，是洪武三十五年六月二十三日去世的，享年七十歲。燕軍攻入南京後，下令建文四年（一四〇二年）六月以後仍以洪武紀年，即洪武三十五年，故墓誌所記洪武三十八年六月，實為建文四年六月。耿炳文夫人死的時間很巧，朱棣六月十三日入城，她二十三日死，僅隔十天。由於時間太接近，我都懷疑陳氏是自殺的！

如果相信《明太宗實錄》的記載，耿炳文此時應該還活著。然而他夫人墓誌中，關於耿炳文，僅僅提到他從太祖起兵，平定天下後，以功封長興侯，此外別無一字；墓誌末尾照例書列耿氏子、孫的名字及官爵，但對她的夫君，也是一字未提。

顯然，作為曾經的征燕主帥，當昔日的死敵君臨天下後，他本人已成為違礙字眼，關涉忌諱，墓誌只好採取回避的態度。如果耿炳文還活著，而新主在「禮貌」上對他尚還懷柔，他夫人死了，怎麼會在墓誌上全無表示呢？至少在碑末得掛個名吧。這是極不正常的，只能說明，此時耿炳文已經死去，而他的家屬又不方便提及這位大將軍是死在征討「今上」的戰役中，只好付之闕如了。

前引《濠梁慎庵耿公墓田碑記》作於朱棣的重孫英宗正統年間，碑文中的「耿公」，號慎庵，是耿炳文之子耿琦。碑記的作者是黔國公沐晟。為什麼遠在雲南的黔國公要為早已一敗塗地的耿家寫墓田記？原來，沐、耿兩家本是近親。

這要從西平侯沐英說起，沐英第一任妻子姓馮，在生了長子沐春後病死，沐英續娶的第二位夫人，就是長興侯耿炳文的妹妹耿氏，沐晟即其所出。洪武三十一年（一三九八年）九月，沐春去世，由弟弟沐晟襲爵。當耿家覆巢之時，耿琦逃到雲南，投奔他的姑姑和表哥。據長興侯夫人陳氏墓誌，耿炳文一共五個兒子，最小的一個還未命名，疑為妾出，應該就是耿琦。

沐晟在《墓田碑記》裡回憶，當耿琦遠道來投時，耿太夫人叮囑他：「耿郎為我遠來，汝厚遇之，俾其得所，以慰我心。」沐晟不敢違命，將表弟偷偷安置在離昆明不遠的晉寧州的一座城堡裡，祕密保護起來，以避朝廷的耳目。

耿琦從此就在雲南安了家。耿太夫人對哥哥僅存的血胤關懷備至，直到宣德六年（一四三一年）臨終前，還「拳拳以耿氏為念」。沐晟對這位表弟相當照顧，在耿琦於正統元年（一四三六年）六月去世後，親自替他料理了後事。三十餘年過去了，此時政治環境已經寬鬆，沐晟才敢在碑記裡寫出當年的真相。

其實，雲南沐家不僅與耿家是姻親，黔國公府與建文帝的關係也相當密切。

據記載，洪武十五年（一三八二年）馬皇后去世，義子沐英聞知噩耗，慟哭嘔血，就此大病一場。二十五年（一四九二年）懿文太子病逝，沐英在精神上再次遭受沉重打擊，登時發病身亡。足見沐英與懿文母子感情之深厚。

建文初，沐晟之所以能輕易參倒岷王，獨霸雲南，很大程度上因為朝廷信任沐家，他舅舅耿炳文在朝權勢巨大。建文帝失敗後，政治環境異常艱險，沐晟依然不顧危險，保護耿氏後人。民間還傳言，建文帝在南京城破後，逃往雲南隱居起來。事雖不可信，但它透露出雲南沐家親近朝廷的政治態度，在當時不是祕密。

朱棣對此當然心知肚明，他即位後，立即命岷王返回雲南就藩，並在一兩個月的時間裡，調順昌伯王佐、鎮遠侯顧成等大將，前往雲南及周邊川、貴等地鎮守或整飭軍備，形成對雲南的包圍。

但是朱棣最終沒有動手，他考慮到沐氏鎮守雲南，歷經三世，勢力盤根錯節，假若把沐家逼反了，短期內又不能解決，兵連禍結，恐怕各地迫於形勢歸順的諸王及文武會乘釁而起，燎原之勢，不可不畏。

而朱棣用來制衡沐家的岷王，在恢復王位，回到雲南後，一心報昔日之仇，與沐晟交惡，雙方頻頻發生衝突。岷王這個人，一身老朱家的壞習氣，才脫樊籠，頓忘昔日之苦。他回雲南稱王後，「恣行威福」，飛揚跋扈，對他哥哥當皇帝的新朝，毫不尊重，竟然不奉朝命，即「擅拘方面諸司印信，殺戮官屬」。我沒看到相關史料，但可以想像得到，岷王這種愚蠢而危險的行動，一定授沐晟以口實，僅「擅收諸司印信」一條，足以告他謀反了！

在沐晟與岷王的互相揭發、詆毀中，朱棣發覺，岷王是一個比沐晟更為危險的炸彈，必須加以裁制——此時，他已在人不知鬼不覺地恢復建文帝的削藩政策，決不允許諸王在藩國肆意妄為，觸犯朝廷的威嚴。

經過權衡，朱棣決定對沐晟採取安撫措施。

這年八月，他口授了一封給沐晟的敕書，首先回憶了太祖皇帝對沐氏父子的豢養栽培之恩，稱「曆觀群臣受恩深厚，未有過爾父子者也」，這確是實情；又說沐晟「為小人所惑，干犯岷王」，但我念舊日恩情，不忍置爾於法，姑宥不問，仍命爾鎮守雲南，雲南都司屬衛悉聽節制。這樣就確認了沐家可以繼續在雲南鎮守，他家的既有利益不會被觸動。

次年六月，朱棣為進一步籠絡沐家，把第五個女兒常寧公主嫁給沐晟之弟沐昕。耿老夫人的娘家雖在新朝覆滅，她的幼子卻做了新主的女婿，心理傷害得到了部分補償。沐昕尚主後，奉母在南京居住，耿老夫人回到了她的傷心之地，在此度過了晚年。

政治聯姻，重新調整了沐家與朝廷的關係，鞏固了西南的穩定。沐晟在獲得朱棣信任後，再膺兵權，而岷王卻在朱棣打擊諸王的新浪潮中，屢受挫折，先被收繳親王冊寶，又被削去護衛，罷去官屬，成為一個光杆王爺。朱棣之子仁宗即位後，將岷王遷徙到湖廣武岡州，甚至不再起建王府，令他寄居於州衙。光景慘澹，反不如外人！

顧誠先生說，朱棣舉行的是軍事叛亂，四年靖難，主要是摧毀、瓦解了建文帝的武裝力量，他對忠於建文帝的將領恨之入骨，口頭上卻把手無縛雞之力的某些文臣說成是主要對手，這在很大程度上掩蓋了歷史的真相。

第三十二章　有「帳」算不爛

當年意氣風發的征虜大將軍曹國公李景隆，也是領兵伐過燕的。如今伐者與被伐者關係來了個倒轉，後者逆襲做了君，前者折翅稱了臣。此君每見彼臣在殿下恭謹地磕頭，都忍不住會想：

「若是我戰敗了，他會如何對我？恐怕跪在軍門前叩首乞命的便是我了！」

此念一起，隔在這對君臣間的那層膜就算穿了孔，永遠無法復原了。儘管李景隆主動打開金川門，臨陣倒戈，為建文群臣做了趨利避害的表率，對那些還轉不過彎來投降的「頑固派」發揮了示範效應，但他既然無法抹去令燕王不快的記憶和聯想，也便無法消除他與新皇之間的隔膜與嫌隙。

況且，像他這樣一位令人不齒的「貳臣」，在永樂初年，居然不墮威風，看起來仍是風生水起，不失帝心：燕王一即帝位，就授他「奉天輔運推誠宣力武臣」（靖難功臣封號）、特進光祿大夫（階官，正一品）、左柱國（勳官），並在他曹國公原祿的基礎上再增賜歲米一千石。朝廷議大事時，李景隆因為爵高，猶然挺立於班首主議。這些，皆令真正「奉天輔運」的靖難功臣們憤憤不平。他們不知道，朱棣對李景隆只是暫假優容，他在待機而發。

果然，永樂二年（一四〇四年），周王朱橚第一個跳出來，揭發李景隆在建文之初，奉命密捕本王，在我府中有受賂的情節。這種事，不要明眼人，瞎子都能看出來，是周王在報舊仇。只是他揭發的事情太小，還不能將皇帝的仇人一棍子掃倒。不過，朱棣就是要周王拋磚引玉，緊接著，刑部尚書鄭賜就出重本參奏了，彈劾李景隆「包藏禍心，蓄養亡命，謀為不軌」。

這就很要人命了！

朱棣詔曰：「勿問。」皇上對鄭賜的彈章不表示態度，實際上是在等待更大的彈劾高潮。接下來，成國公朱能、吏部尚書蹇義，與科道、文武群臣，一起出章，對李景隆和他的弟弟李增枝展開批鬥（「廷劾」），都說李氏兄弟「逆謀有狀」。

待百官齊聲喊打，李景隆的「罪行」完全暴露於光天化日之下，朱棣知道該出手了，他「應群臣之請」，下詔削去李景隆的勳號，絕其朝請（即不再允許其上朝），責令他以曹國公的身分歸私第，「奉長公主祀」。長公主是李景隆的祖母，也就是李文忠之母，太祖朱元璋的姐姐，今上的親姑姑。

沉重的打擊接連不斷，樑棟顫抖，不停掉灰，撲得李景隆滿頭滿腦都是灰。這還不算完。禮部尚書李至剛又拉栓放槍了，他將景隆和增枝哥倆兒一起論，說「景隆在家，坐受閽人（即閹奴）伏謁，如君臣禮，大不道；增枝多立莊田，蓄僮僕無慮千百，意叵測。」

我不信在這一派蕭瑟、冷風颼颼的當口，李景隆還敢頂著殺頭的刀，在家裡受閹人跪拜，過「人君」的乾癮，而「大不道、意叵測」的指責，已上升到無以復加的地步，再進一步，就是稱兵造反了。

朱棣對李景隆是除惡務盡的態度，對朝臣的糾劾，不僅聽，而且信，信則行動，下令削去李景隆的爵位，將他兄弟連同妻兒數十人在私第禁錮起來，抄沒其家產。李景隆心知皇上不肯放過他，氣急了，在家裡鬧起絕食，十天半月不吃東西，也不打點滴，居然挺過來了，據說一直活到永樂末年才死。

曹國公這一「世家」，傳了三代，從李景隆的祖父、朱元璋的姐夫駙馬李貞，到其父李文忠，再到李景隆這輩，就算絕了，後世都剃了平頭，做百姓去也。

李景隆之外，另一個被削爵的勳臣，是魏國公徐輝祖。

徐輝祖和他弟弟徐增壽，兩人的政治立場南轅北轍。徐增壽慘遭建文帝親手殺死，卻為篡位者立了個「忠義」的典範，以此得到極大的優恤，被追封為定國公。這頂國公的帽兒是鐵打的，可以世代相傳——如此，徐增壽不算枉死，真是犧牲我一個，幸福十代人，我們常稱頌「祖上恩澤」，這便是了！

永樂朝頭號「義士」的哥哥徐輝祖，卻是頑固分子中的 NO.1，長著一個冥頑不化的花崗岩腦袋。朱棣入京時，群臣出迎，只見花枝招展，濟濟滿堂，群臣皆到了，唯獨不見本應列於班首領銜的魏國公大人。

「徐輝祖在哪裡？」朱棣派人四處去找，最後在徐達的祠堂裡找到他。

朱棣知道他故意這麼做，以表示無聲的抗議，心中老大不快，就下令把他抓起來，逼他認罪，希望他能像曹國公一樣，為群臣做一個歸附的表率。

徐輝祖在獄中，倒也痛快，鋪開紙，蘸飽墨，奮筆寫了滿滿一幅。呈上去，朱棣接過一看，哪裡有一個字的認錯！全寫的是他老父親徐達的開國功次，以及他家封爵鐵券上免死的聖諭。朱棣勃然大怒，命削去其爵位，將他軟禁在家。

與李景隆不同，徐輝祖所削者只是本人之爵，而不是徐家的世爵。

徐輝祖過了幾年監視居住的生活，在永樂五年（一四〇七年）死了，年紀應該不過四十出頭。他的早死，不能說與朱棣無關，因為沒有證據，本人不好妄說。他死後不久，朱棣向群臣下詔說：「徐輝祖與齊泰、黃子澄等謀危社稷，朕念其父中山王（徐達）有大功，曲加開赦，不予處死。今輝祖死，中山王不可無後。」遂命徐輝祖的長子徐欽承繼魏國公的爵位。

徐家幸運，保有世爵，得以繼續享受二百年的富貴榮華。這並非在朱棣眼裡，岳父中山王徐達，比表哥曹國公李文忠更有面子，主要因為魏國公家是他皇后的娘家，徐皇后不僅要保住他「強項」兄弟的性命，還要維持娘家的權益，她在其間的斡旋之力，一定不小。徐皇后在和朱棣枕邊爭氣時，理直氣壯：輝祖固然有罪，但我家還有一位殉難的「大忠臣」（徐增壽），難道還不足以將功折罪嘛！——這是徐家爵位沒被打掉的根本所在。

萬曆時，所有遭到殺害和貶謫的建文忠臣，都得到平反，在南京立廟祭祀，其中徐輝祖昂昂居於首位，並被追謚為「忠貞」，這是歷史對他的承認。曹國公的子孫流亂，則早已湮沒於芸芸眾生之中了。魏、曹二公，皆是朱家的至親，又同為洪武末年最為倚重的動戚貴臣，兩家在建文、永樂之際的政治動盪中，其沉浮如此，其味亦雋亦長！

當朱棣旗鼓張揚進京之時，還有一位皇室近親不在迎接的人群中，此人正領導著一隻反抗燕軍的部隊，駐守在淮安。他便是寧國公主的夫君、朱棣的二妹夫，駙馬梅殷。

當朱棣篡登大寶後，梅殷仍然擁兵淮上，拒絕改旗易幟。朱棣迫令公主寫血書去召梅殷見到公主血糊糊的家書，知事已不可為，慟哭一場，罷兵還京。

在入見時，朱棣勉強接見慰勞了一句：「駙馬勞苦。」這本是一句客氣話，不料梅殷竟回道：「勞而無功耳！」差點把聖天子嗆翻。

永樂二年（一四〇四年），朱棣的江山已經坐穩，與當年的對手秋後算總帳的時機已到，耿炳文、李景隆等勳戚之家，都在這一年遭到嚴厲的參劾，紛紛敗覆，梅殷自不例外（只有徐輝祖，群臣知他有徐皇后作後臺，沒敢隨意向他開炮）。

永樂朝有名的酷吏，都察院左都御史陳瑛率先上奏，指責駙馬梅殷「蓄養亡命」，其心叵測，又與女秀才劉氏「朋邪詛咒」。

女秀才劉氏不知何許人也，女子在明代並無考取秀才者，大概是一位才女吧！梅殷是個多才之人，弓馬嫺熟，精通經史，在洪武時，曾以「戚臣」的身分視山東學政，與李文忠以「勳臣上公」典國子監，為雙璧美談。朱元璋賜敕褒美，推許這位愛婿「堪為儒宗」。

梅殷在政治上失意，閒來隻以詩酒唱和為事，朝廷要興冤獄，他結交的這些文友，自然成為他故意蓄養、幫他謀逆的「亡命」；他們酬答的詩篇，其中不滿於時政的內容，輒便成為他們「詛咒」的鐵證。歷來如此，並無稀罕。所以一般失意且為君主所忌恨者，都會選擇閉門謝客，關起門來吃幾杯苦酒，做個影子的隱士，既為自己好，也為朋友們好。大概梅殷仗著自己是駙馬，朱棣不會拿他怎樣，以為只是政治上寂寞些，官不做了而已。

果不其然，他邀朋聚友、談文論藝的行為，成為政敵攻擊他的口實。

但朱棣接到劾疏後，並未撥草尋蛇，趁機將梅殷一棍子打死，只是說：「朕自處之。」僅僅諭令戶部重新考定公、侯、駙馬、伯的儀仗從人之數，又命錦衣衛抓了梅家幾名家人，送遼東充軍了事。

由此來看，酷吏陳瑛的指控還包括駙馬家儀從太盛，超過應有的禮儀（即逾制、逾禮），及家人有違法行為。朱棣抓小放大，沒有揪住梅殷「詛咒」的情節不放，似乎對這位妹夫還有優容保存之意。

可是，那些得罪過皇上的「罪人」，許多人都瞪大眼睛盯著呢！只等合適時機，撲上來咬上一口，以博取主上特別的賞識。自陳瑛一告不准之後，很快又有人行動了：永樂三年（一四〇五年）十月一天的凌晨，梅殷上朝，經過笪橋（在今中國南京白下區），突然都督僉事譚深和錦衣衛指揮趙曦一齊擁上來，趁其不備，將他擠下橋去。梅殷不會游泳，撲通落水，只掙扎了幾下，就沉到水底。

這條河是南京城內的水，上跨石橋，應該水面不寬，水勢不大，又在十月，並不甚寒，梅殷落水後，完全有機會獲救。但他還是淹死了。

我懷疑譚、趙二人做了充分的預謀，當時現場無人敢救；或許旁人大驚之下，馬上聯想到，梅殷早就是皇上的眼中釘，譚、趙二人敢對他下手，定是得到皇上的授意，哪個下河救人，就是跟皇上過不去，說不得將來有性命之虞。所以大家只好眼睜睜看著梅殷在水中掙扎溺亡，竟無一人出手相助。

駙馬好端端的上朝，卻淹死在一條小河裡，寧國公主不幹了。她闖進宮去，牽住朱棣的衣袖，放聲大哭，問兄要人。朱棣推說，是駙馬自己落水的。公主不信，只管要皇兄交出兇手。朱棣被她逼得無法，只好說：「請節哀，無自苦。我一定為妹妹做主，緝拿凶徒。」

朱棣也很惱火，他就是要殺掉梅殷，也一定要先正其罪，但梅殷這麼不明不白死了，還讓世人懷疑是朕躬所為，豈不冤哉！於是下令，命錦衣衛徹查。

馬上，有都督同知許成出首告發，說梅駙馬是被譚、趙二人謀害。事情至此，真相大白，朱棣遂將二人處斬，沒收其家產，而封許成為永新伯。

許成因為告密而封伯，真乃望外之重賞了。我由此推測，譚、趙二人的行動，不是出自朱棣的授意，而是他們為討好皇上而策劃的一條奇計，結果反令皇上蒙受不白之冤，不僅公主、朝臣，就是萬世之後，說起此事，都會懷疑，是朱棣下令害死自己親妹夫的。所以許成得伯爵之賞，不僅因為告人之罪，也還有「還帝清白」之功。

譚深、趙曦二位是一對倒楣鬼，死得極慘。有個叫瓦剌灰的蒙古降人，過去是梅殷的部下，他懷念舊主，而恨極了兇手，上疏請求為駙馬報仇。朱棣居然准了。於是瓦剌灰手執利刃，來到譚、趙二人受刑的現場，親手砍斷他們的手腳，又剖開肚皮，掏出腸子，一大堆鮮血淋漓的人下水，堆起來，祭他冤死的故主。事畢，他也不活了，當場抹了脖子，追隨舊主而去——此為殉葬！梅殷在陰間，有這位壯士的保護，惡人休想再將他擠下奈何橋。

朱棣為了安撫公主妹妹，用酷刑處死了兇手，還親自賜書解釋，又給梅殷兩個兒子加官，同時進封公主為寧國長公主。

照理說，朱棣對公主兩口兒應是極為痛恨的，他剛起兵時，公主就給他寫信，以君臣大義責備他。後來他進兵至淮北，駙馬又堅決抵抗。他給公主下書，讓她遷居太平門外避兵，公主也不答覆。《明史》對此的解釋是：「成祖故重（公）主」，所以對其夫婦的忤逆，並不深怪，即位後，歲時賜與無算，連諸王都不敢望。

如果這確是朱棣的本心，那麼梅駙馬不幸的命運，只好怪小鬼難纏了——而閻王殿上的小鬼，實在也太多！

第三十三章　宦官領導的突擊隊

曾有這樣一句有名的話：「有的人活著，他已經死了；有的人死了，他還活著。」這句話套在建文帝身上，真是恰如其分——自然，他屬於後者，明明死了，人們堅持要他活下來。

建文帝在城破之際，一把宮火，燒死了自己。可是很快就起了一種傳言，說建文帝沒有死，而是逃出京城，從此遊歷四方，做了個快活自在的行腳僧。

其實這是人們本著樸素善良的願望，可憐建文帝不幸的命運，總望他能逃出生天，在故事裡還他一個公道。

我們今日仍不忍想像，當燕軍兵臨城下，城中如沸，宮裡宮外一片混亂的情景。那時，最可憐的就是母親和孩子了。建文帝皇后也姓馬，我們稱她小馬皇后。這位年輕的母親，懷抱哭爹喊娘的孩子，忍不住渾身觳觫發抖。孩兒們都還小，太子文奎不過七歲，次子文圭才幾個月，還在襁褓中嗷嗷待哺，哪裡離得開母親的抱持？

他們的爸爸建文皇帝，在絕望之際，親手殺死了都督徐增壽，一身血汙地闖進宮來。小馬皇后禁不住驚呼一聲。看到丈夫愁眉深鎖的樣子，她知道王朝和家庭落幕的時刻到了，她內心悲苦，心宛如被一隻手狠狠揪住，那樣的疼，此刻最令她痛苦，內心在絕望中輾轉掙扎、割捨不下的，是她年幼的孩子們。

孩子是無知，也是無辜的。小馬皇后看了一眼丈夫，建文帝唯報以一聲嘆息，皇后揩去淚，將兩個孩子推給身邊的宮人，痛苦地扭過頭去。孩子被匆匆從父母身邊帶走。他們能走出多遠？小馬皇后不知道，但母性告訴她，當父母將以慘烈的方式離世時，孩子不能留在此地。讓他們聽天由命吧！

殿廷外，哭喊撕心裂肺，混雜著喧鬧的人聲，小馬皇后的雙眼被滾泉一般急湧的熱淚沖刷，眼前的一切都變得模糊。

大火騰地竄起來，迅速蔓延……

就在同一時刻，一支以騎兵組成的快速機動部隊，踏碎長街，向宮城開來。皇朝已轟然倒塌，宮禁之鎖早已失效，無論是皇城，還是宮城，所有門禁都洞然大開，逃命的太監和宮人，像從著火的老鼠洞裡鑽出來，沒命地奔逃，守門軍人也撇下武器，不知去向。

這支全副武裝的馬隊先占領皇朝四門，斷絕出入，然後迅速衝入紫禁城，分路占領宮中要地，一面用武力彈壓，恢復秩序，將趁亂大肆竊取宮中財物者就地正法，一面組織沒有逃跑的宮人和衛士救火。

這支特遣隊的頭目，是一名宦官，姓劉名通，他親自帶領一隊精銳甲士，從奉天門一側的穿廊急速穿過去，過乾清門，直入乾清、坤寧等後宮。他臉色如鐵凝，雙眉和臉頰都因為緊張而抽搐。但他對自己的使命異常明確，他把手中的刀把緊握了一下，確認自己將堅決執行燕王交付的祕密任務，不會稍有畏縮。

劉通本是東北女真人，在洪武年間與其兄弟劉順一起，被閹入燕府為宦官，從此追隨燕王，成為朱棣最為親信的宦官之一。他生於洪武十四年（一三八一年），卒於宣德十年（一四三五年），在他的墓誌裡，記載了這樣一條重要資訊：

「（劉通）初事太宗文皇帝（與下文之『上』，都指朱棣）於藩邸，時權倖用事，離間宗室。上嘉公忠謹，委以腹心，俾察外情。公廣詢博采，悉得其實以聞。」

據我所知，這是朱棣委用宦官執行特務任務，刺察外事的最早證據，那時他還是一位藩王，可見他一直都是個諜戰迷。

「時權幸用事，離間宗室」所稱之權幸，應指齊泰、黃子澄等「左班奸臣」，在當時人心不定的情況下，朱棣委劉通為腹心，「俾察外情」，使之「廣詢博采」，及時了解外間輿論。

劉通為人精明能幹，膂力剛強，「靖難」兵興後，這位偵緝隊長變身統兵大將，在殺場上又多立戰功。

墓誌寫他建文四年「六月，渡大江，奪金川門，平定金陵，肅清宮禁」。由於劉通前期行事多涉機密及宮闈祕事，其墓誌記載亦相當簡略。我們從這段文字可看出，劉通率兵奪取金川門，扈從朱棣入城。隨即，這位特務頭子，立刻被委以一項重要使命：「肅清宮禁」。這項可能代號「六一三工程」（六月十三日為燕軍進城之日）的機密任務，最重要的對象，正是已成甕中之鱉的建文夫婦。

在大軍勝利進城，功業垂成之時，自稱「周公」的朱棣，不可避免地要和他口中的「周成王」——建文皇帝——面對面了。

對於這種尷尬的局面，他事先已做了推演，城陷之日，將出現四種可能：一、少君識相，先行自裁；二、少君偷生乞命，願將寶位禪讓，只求活命；三、乞命，但不願拱手讓出天子之位；四、不識相，賴在寶座上不下去，還要君主的威風，甚或面斥皇叔的悖逆。

第一種情形最好不過了，大家不必相見，省得面皮發熱，費許多的周折。

第二種亦好，不過朱棣不喜歡，嫌麻煩，他雖是弼馬溫進了蟠桃園，但願意人相信，是桃子自己落地，而不是被他竊攘偷吃的。現在雖說攻克了南京，但大半江山還未入其囊中，尤其是擁有重兵的邊方各鎮都還沒有降服，留建文帝活口，終是後患。

至於後兩種可能，朱棣則覺無法忍受。對他來說，只有少君識趣，自覺自願，做一死鬼，早去投胎，再由他來哭一場，這樣，戲才圓滿，大家方便。

建文帝必死！

他將這一任務託付給親近宦官劉通，讓他率先突入內庭，若建文帝不死，即將其解決，不僅要殺掉建文帝，還要「肅清宮禁」，把一切知情人一併處理掉。在朱棣的「預案」裡，是沒有建文帝逃脫這一款的——眾叛親離，坐困危城的一個孤家寡人，他又能往哪裡逃！

作為燕王的私臣，劉通絕對忠實於朱棣，但一想到要親手殺死皇帝，還是渾身大汗，額筋突突直跳。歷史在這裡形成了一個可能的岔道：或者，劉通在乾清宮的火海餘燼中發現建文夫婦的屍體；或者，當他率眾衝到乾清門下，驅散微弱的抵抗，活捉建文帝，不由分說，將其殺死，然後將屍首扔進乾清宮的烈焰裡。

反正我們獲得的情報是，如朱棣所願，他接到建文帝已死的消息，還從火中扒拉出一具焦屍。

以上是我們就劉通墓表中極為有限的資訊，而做的戰棋推演，或場景復原。明朝官修正史《明太宗實錄》是這樣寫的：破城之際，「在京諸王及文武群臣、父老等」皆背棄了建文帝，轉去朝見燕王。建文帝也想出迎，但見左右悉散，唯剩內侍數人，乃嘆曰：「我何面目相見耶！」遂闔宮自焚。燕王望見宮中煙起，急遣太監（應該就是劉通）往救。但已經來不及了。太監出其屍於火中，回來向朱棣報告。朱棣哭道：「允炆，你如此癡呆耶？我來是為了扶翼你為善的，你竟不理解，遽此自絕於世嘛！」

幸好他沒說「自絕於人民」，不然對此慘事，我反要失笑了。看官請鑒之：歷史上好多混蛋傢伙的哭，都像我們這位太宗文皇帝的這把鼻涕淚，都是羞死人的修史人憑空杜撰出來的。

這具燒焦了，不成樣子的屍體，八天後被當作建文帝的遺體，以「天子禮」下葬了。

著名明清史學家孟森先生說：

「葬時稍用天子儀仗，以震都人耳目，為絕天下人望之計，與其出屍於火，意正一貫。」

孟先生說，朱棣大張旗鼓地從火場裡撈屍，然後風光大葬，都屬於行為藝術，其目的是為了讓天下人知曉建文帝已死，從而絕了希圖復辟的心。

建文帝的墳塚所在，沒有任何記載，很可能所謂「備禮」以葬，不過是草草入土，在荒郊野外隨便刨個坑埋了，並不做任何的標記，如起墳封樹之類，更別指望享殿祠堂和香火田土了。史書說以天子之禮葬建文帝，可能只是一句虛言。但自建文帝外逃說興起後，就有人懷疑，那具沒有經過仔細辨認的屍體，其實不是建文帝，而是他的皇后。

小馬皇后死時，才二十五歲。她在《明史．后妃傳》中，只得到四十四個字的記述。皇后作為一介女流，她是巾幗，而非旗幟，她即便活著，也不會令人感到不安。人們都說她「城陷，崩於火」，隨夫投火而亡，卻沒什麼人費心，替她在建文帝「逃亡」的路上，訂下一張座位票（現代編劇一定捨不得讓建文孤單、觀眾失望，怎樣也會安排一位小紅，或小霞，好使亡命天涯的皇帝，時時得到紅顏的寬慰）；也無人關心小馬皇后的托魂之所，這位可憐的皇后，只是建文帝悲劇的一個無關輕重的陪襯。

如前所述，朱元璋為太子、太孫所擇的婚姻，都不是高門大戶、有力之家。作為皇位的繼承人，皇太孫的外家甚為單薄。小馬皇后的父親是個文官，官至光祿少卿。娘家就她一個女兒，沒有親兄弟，只有兩位堂兄蔭了指揮的官。其中一個堂兄，投靠了燕王，封為鎮海侯。但不幸這位鎮海侯後來在江裡淹死了，大約封「鎮江侯」也無濟於事吧。另一位堂兄，全家三十餘口一齊為建文帝殉死。小馬后的父親馬全，下落不明，大概也是死於亂兵之中了吧！

第三十四章　允炆一家墮入無盡的黑夜

建文帝垮臺後，所有與他親近的人，都面臨著滅頂之災。

先說建文帝的四個兄弟。懿文太子朱標一共生了五個兒子，四個女兒。長子雄英和第三子允熥都是常遇春之女常氏所生，次子允炆、第四子允熞、第五子允熙[2]，都是次妃呂氏

2　有的書作允燨，應非是。因為建文帝這一輩名字裡的第二個字都有一個火旁，熙下的四點水就是火，如炤即照，如果熙左再加一個火，就有兩個火了，火氣未免太盛。

所生。呂氏本為次妃，常氏去世後升為正妃，所以她的兒子也是嫡子。

雄英生於洪武八年（一三七五年），是懿文太子的嫡長子，也是朱元璋的嫡長孫。可惜這孩子福分淺，洪武十五年（一三八二年）五月，在他八歲上就死了。次子允炆便成為嫡孫中之最長者。在懿文太子死後，依序冊立為皇太孫，並於洪武三十一年（一三九八年）順利即位。

朱允炆即位後，除了推尊爸爸懿文太子為興宗，媽媽呂氏為太后，還追封長兄雄英為虞懷王（王號為虞，諡為懷），同時封允熥為吳王，允熞為衡王，允熙為徐王。

年紀較長的吳王允熥，得到的封地是富庶的杭州。此地朱元璋曾封給他寵愛的皇四子朱橚。朱橚最初封的也是吳王，後來才改封周王，封地亦改為開封。朱元璋的理由是，杭州是近畿之地、財賦之區，不宜封建諸王。朱允炆顯然很喜歡這位同父異母的弟弟，仍將杭州封給允熥，王號仍然為「吳」。如今是朱允炆做皇帝，祖父怎麼想的，不必太過顧忌，這就是所謂「時王」為大，舊鬼讓新鬼。朱棣後來指責朱允炆違背祖制，不過是個藉口而已，他自己違背的祖制，遠比朱允炆要多。

朱允炆說了算的時代，他愛怎麼封就怎麼封，臣子也無異言。但有一樣，如果封的太有違礙，臣子也該丟掉沉默之金，把皇上勸轉一兩回才是。好比朱允炆封五弟允熙為徐王，就有點數典忘祖了，因為允炆奶奶馬皇后的親爹，封的正是徐王。雖然只是追封，徐王墳裡也沒藏著馬公的枯骨，但封贈之王畢竟也是朝廷大典，馬公回魂之夜，幾塊冷肉還是要啃的。怎麼才短短三十年，就不算數了呢？建文朝的禮臣，失於考訂，失職之罪，該打屁股。

以上是建文朝的幾位新王爺，還有幾位公主，原稱郡主，建文即位後進封為公主。其中長公主是江都公主，洪武二十七年（一三九四年）下嫁耿炳文之子耿璿。

建文帝的兄弟姐妹，在他們的叔叔朱棣奪位後，迎來了漫長的黑夜。

朱棣稱帝後，首先削去長兄朱標的帝號，仍稱懿文皇太子，呂氏也由太后降為皇太子妃，王爺、公主也一例降封，親王改郡王，公主改郡主。朱棣此人著實可惡，瞧他給幾位王子新起的王號：廣澤王（吳王），懷恩王（衡王），敷惠王（徐王），他明明是弒君、奪位、殺侄的兇手，卻讓諸侄們感他的恩、澤、惠！

建文的幾個兄弟姊妹，年紀還小，都才十來歲（最小的弟弟生於洪武二十四年），還沒到「之藩」的年齡。允熥、允熞先被打發到福建漳州和建昌居住，朱棣還是不放心，很快把他們召回來，軟禁在鳳陽。

從這個時候起，老朱家的故鄉、龍興之地鳳陽，開始興建「高牆」，成為禁錮「罪宗」的大監獄。允熥在高牆裡關了十六年後死去，允熞死亡時間沒有記載。建文帝最小的弟弟，也就是封徐王的那位，「國滅」時才十二歲，隨母妃呂氏在懿文太子陵居住。永樂二年改封甌寧王，仍「奉太子祀」，這是一份陵寢裡的閒差，就是每天陪他死鬼爸爸說話，雖然不能享有一塊封地，稱王稱孤，作些威服，畢竟比那誓將高牆坐穿的允熥、允熞要強煞一筆。

於是，無德的史官胡說什麼「王聰慧端謹，上（朱棣）素愛之，未遣之國」。然後話鋒陡然一轉，說「忽一夜，邸第不戒於火，王驚僕地，久而始蘇。上命醫亟視之，竟成疾而薨，時年十六。上深悼之」云云。

實錄是這麼寫的，《明史》的諸王傳，主要參考實錄，然而在寫這位王爺之死時，卻以「暴薨」二字結局。顯然《明史》認為，允熙是「不得其死」。

《國榷》的作者談遷更有高論，他說：「覆巢之下，寧有完卵，甌寧以火，梅殷以水，文皇帝深為天下計，無及其私矣。」談遷的話很俏皮，說朱棣為天下計，實在是沒有法子，才把甌寧王允熙投入火，駙馬爺梅殷投入水，等於揭發朱允熙是被朱棣放火燒死的——實錄欺後世之計，看來是失敗了。

懿文太子朱標的四個女兒，事蹟最詳的是長女江都公主。早在洪武二十七年，作為政治聯姻的一部分，朱元璋就將她下嫁長興侯之子耿璿。耿璿嘗從父征燕，又是前朝貴胄，屬於新皇很不放心的一類人；加之耿瓛在永樂初年，稱疾不出，表示了不與新政權合作的態度，已註定他滅亡的命運。

朱棣很快就找到機會，將耿氏兄弟處死。公主的下場，據《明史》講：「主復降為郡主，憂卒。」憂心是死不了人的，好比光緒皇帝，憂鬱了三十四年，也沒憂死，最後還是被一包砒霜毒死了；江都公主的「憂卒」，大概也屬此類吧！

《墨子》說：「天下之百姓，皆以水、火、毒藥相虧害。」朱棣對自家至親，皆毅然用水、火、毒藥相虧害，至於普通百姓，他會捨不得嗎？

懿文太子另三個女兒，除第三女無考外，次女宜倫公主，永樂十五年（一四一七年）下嫁一個叫于禮的人，第四女未嫁人，死於永樂十年（一四一二年）。朱標最小的女兒，就算生於洪武二十五年（即朱標去世之年），到永樂十年，也二十一歲了。次女到永樂十五年結婚時，年紀應該在三十上下。我們還能責備朱棣什麼？他沒讓這位公主守處子之身到老，亦或又起一把神祕之火，已可告一聲「阿彌陀佛」了！

再來說建文帝的兒子。

建文帝有二個兒子，長子文奎，建文元年（一三九九年）封太子，次子文圭，皆為小馬皇后所出。在他們父母去世時，一個七歲，一個二歲。文奎在建文元年被立為皇太子，至國破之日，據「國本」之位已三年，是天下共知的人物，所以燕軍入城後，他必須「莫知所終」。

皇太子文奎連同其父一起，被朱棣列入必死之人的黑名單，其理由可見前文朱棣與方孝孺的對話：朱棣自稱周公，是來輔佐周成王的，可惜「成王」不能體會他的初衷，自焚而死，他只好取而代之。方孝孺反問他：「何不立成王之子？」文奎皇太子的名分天下皆知，他父親死了，自然應由他繼位。對此，朱棣可解釋不清。所以在一場宮火之後，七歲的文奎就不知所終了——請不要笑我馬後炮，我早知他的結局一定是「不知所蹤」！因為唯有如此，才是他（符合其叔祖燕王利益的）最好歸宿，朱棣早已發出「蒸發密令」，一定讓他從人間消失。

然而，正如他父親建文帝後來突然復活一樣，也有傳說稱文奎為兵部侍郎廖平所救，並沒有死，不知到什麼地方野遊去了。這與建文帝的不死之法如出一轍，都是後人憐惜，派出想像的天兵，將他們挽救了，卻非事實。

次子文圭，被叔祖燕王幽禁於鳳陽的廣安宮（名為宮殿，實為高牆），稱之為「建庶人」。一個才二歲的孩子，從此被圈禁在一道高大的圍牆之內，所見者只是服侍並負責監視他的宦官與宮人，對外面的世界茫然不知。一關就是五十五年，直到朱棣的重孫英宗朱祁鎮復辟那一年（天順元年，一四五七年），英宗因想到自己也受了數年幽禁之苦，生出些憫世憐人的心，加之時過境遷，建文帝的孑遺早已成為無害的廢人，便想開「建庶人」一條生路。他諮詢臣下，大學士李賢力贊道：「此堯、舜之心。」遂經請示母后，將建庶人釋放，聽其在鳳陽居住，婚娶、出入自便，並賜給閹人二十名、婢女十餘人，供其使令。

可憐離開娘懷時才二歲的孩子，一生被幽禁，沒有自由，至此已是五十七歲的老翁，然對世事懵然無知，甚至連牛馬都不認得。他脫離樊籠不久，也便死去了。

如果引「好死不如賴活」的俗語，文圭較之長兄太子文奎是幸運的，至少苟存了一條性命；然而，若似這等螻蟻偷生的活，五十多年的辛苦，好比軟刀子，慢慢割肉，還不如一刀了卻了快活！

建文帝有沒有後代呢？傳說他有一幼子尚存，《傳信錄》是明代中期的一本筆記，說朱棣入宮時，奶母老嫗教建文的幼子，牽著朱棣的衣服跪哭乞食，朱棣為之動容，便將他養在宮中。由於《傳信錄》這本書十分不可靠，被明代大史家王世貞在《弇山堂別集·史乘考誤》裡駁得體無完膚，故此說不可信，建文帝應是絕後了。

第三十五章　良心不滅，死人也能復活

今天存留的建文朝文字與文物，少之又少。南京中山門外的明孝陵，立著一塊神功聖德碑，是永樂十一年（一四一三年）九月朱棣以「孝子嗣皇帝」的名義，給他父親立的神道碑。全碑二千七百四十六字，一言以括之，就是「歌功頌德」四個字。該碑名為御制，其實並非朱棣親筆，碑文應出自某位翰林學士之手。這類頂著「御制」之名，實為槍手操刀的例子太多了，見怪不怪，不要以為那文字寫得雄美，就忙不迭點評：「鐵拳打江山，巧手著文章，果然是成祖文皇帝！」

碑文最後，開列著太祖諸子及孫的名諱，倒沒有將朱允炆一筆抹殺，在「孫」一輩題名裡，頭一位就是「建文君允炆」，其次為皇太子朱高熾。在《明太祖實錄》裡，朱允炆也被稱作建文君，這三個字是永樂朝官方認可的稱謂法。

朱棣在入京之始，就宣布當年仍以洪武三十五年紀年。建文帝垮臺，如果再沿用其年號當然不妥，將本年餘下的月日，仍用洪武年號，也可理解。做賊之人，畢竟心虛，讓他頂著建文的年號，奉建文的正朔，總像禿頭上停著一隻臭蟲，渾身不自在。竊國者與竊銖者，心態不會有太大的差別。

但是，畢竟洪武只有三十一年，這個「三十五年」就像孫猴兒從石縫裡蹦出來，不知其父，未知其母。於是就有人倒推，將建文元年至四年，統一改為洪武三十二年至三十五年，說朱棣革除了建文年號，後世著述，也多拿「革除」二字來代替建文一朝。其實只可說朱棣停用，而不可說他革除了建文年號。比如《明太宗實錄》裡，紀年時雖然沒有書建文年號，但仍寫元年、二年、三年、四年，只是不完整地寫作建文元年、二年、三年、四年；而凡是提及皇上，仍書作「建文君」，若其年號被革，何以以年號代稱之？所以到萬曆二十三年（一五九五年），朝廷詔復建文年號，實屬多此一舉。

稱君而不稱帝，是革除其帝位，如元順帝棄位竄奔之後，就被稱為庚申君。

到明代中後期，皇室的這段恩怨已為古蹟，正德、萬曆、崇禎年間，不斷有臣子請追上建文帝、後尊號，及廟謚。但朝廷的態度並不積極，只是循例下禮部議，而不管議的結果如何，事情總是不了了之。終明之世，朱允炆都只是建文君。直到南明弘光朝時，明朝快完蛋了，才補上廟謚，稱「惠宗讓皇帝」，小馬皇后隨其夫，稱「讓皇后」。清乾隆元年，替古人做好事，改謚建文帝為恭閔惠皇帝，《明史》從之，建文的本紀便作《恭閔帝紀》。

「讓皇帝」的「讓」字，反映的不是歷史的真實，仍屬史上常見的蒙著眼睛哄鼻子。但「讓」這個字不是完全無中生有，明中期以後，建文帝「遜國」的傳說愈演愈烈。此說謂建文帝見大勢已去，就主動逃走了，人稱「遜國」，遜者，讓也，也就是讓國之意。也不要怪後人迂腐，皇帝逃走，在君權至上的時代，的確很難措辭。想那位英宗正統皇帝，領著大軍出征，卻教人俘虜了，這等難堪之事，作史者猶腆然稱「北狩」，說英宗「北狩不返」。那麼，建文帝迫於無奈，三十六計遁為上策，而托一個「遜國」的名義，在各方都能接受。否則一定要說他逃走，建文帝的廣大同情者，都將難以為情。

建文朝留下來的史料極少，尤其是第一手的原始資料。朱棣即位後，將建文時廷臣所上奏疏千餘通，發給閣臣解縉等人，令其編閱，只保留兵農錢穀等政事的內容，而將對燕王態度不客氣，言語有「干犯」的，一切皆焚毀。

這一方面是朱棣向歸附的百官故示寬大，表示既往不咎，一方面借此洗刷、銷毀對己不利的檔。他還下令重修建文時已經修好的《明太祖實錄》，將其中對己不利的資料，改洗得乾乾淨淨。這是二版《明太祖實錄》。

可是，朱棣不說「洗洗」就睡，過了若干年，「潔癖」又犯了，仍疑實錄洗之不淨，又把那「話兒」掏出來重洗，這就是今日所見的修訂三版的《明太祖實錄》。好多洪武年間的重要史料就這樣佚失了，這還不算，他還隨處布雷，埋設下許多偽造的資料，令一些重要的史實，因為喪失了關鍵證據，理之不清了。

經過這一番嚴密的史料過濾和篩除，現在所能見到的洪武末至建文朝的資料，不僅相當缺乏，而且多是勝利者的一面之詞，許多根本就是誣詞。

死人不會翻身起來抗議、投訴，但朱棣豈能料到，萬世良心不會泯滅，後來人們嘆息國初史事，就展開想像力，著文章、編故事，把可憐的建文帝從沉冤百年的地下請出來，讓他復活了。

在正德、嘉靖年間，也就是靖難之役過去一百年後，許多關於「革除遺事」的私人撰述纍纍而出，大家一起創作，一起湊資料，其中不乏傳奇故事。就是那位已經神話得近乎妖的劉伯溫，也被請來做「客串明星」。如稱劉伯溫營建南京宮城時，察其風水不利，殿基不穩，將來難免要遷都。明朝原都南京，朱棣始遷北京，劉伯溫的話裡已暗含了對靖難之役的預言。

那本不太可信的《傳信錄》還寫道：太祖一日問劉伯溫：「汝有何術以教朕，使守天下？」「劉大師」懷裡豈會無寶，馬上道：「有。」即拿出一個小箱子，上掛一把灌了鐵汁的鎖，說後世非有大變故不可開啟。

這是搗鬼軍師的典型做派，諸葛亮不是還有三個錦囊嗎？在民間讖緯書《燒餅歌》裡，朱元璋也令劉伯溫說說後事，劉老先生滔滔不絕，竟然把未來五百年的大事全提溜了出來。多數預言隱隱諱諱，費人猜測，但有些事情，說得很明白，比如靖難之役，他道「文星高拱日防西」，說京城當防。朱元璋怪道：「朕今都城竹堅守密，何防之有？」道：「臣見都城雖鞏固，防守嚴密，似覺無虞，只恐燕子飛來。」燕子指燕王，燕子飛來，即燕師之來襲也。

靖難之師果然來了，建文帝打開小箱一看，裡面藏著一件袈裟、一份度牒，還有一把剃刀，不禁嘆道：「此伯溫教我也。」遂披剃遁去。

這是典型的宿命論，劉伯溫早算出建文帝命裡有此大劫，逃之不過，只求保命，於是留下僧服、僧人身分文件和剃頭刀。建文遜國故事，大體都是沿著這一思路展開的。

還有一說，稱城破之時，蜀王祕密派兵來，將建文帝偷偷接走了（王鏊《王文恪公筆記》）。我想蜀王未必有此膽量，也未必有此能力。但故事為什麼單推出蜀王來頂缸呢？因為皇十一子蜀王朱椿素有賢名，是諸王中少有的賢王，朱元璋稱他為「蜀秀才」，所以人們把這個美譽獻給他。然而事情卻是姓子虛，名烏有。

入蜀說只是「遜國傳說」中的一根小分枝，因為太難置信，所以影響不大。傳說中，建文帝去最多的地方，是雲南。這有根據的：一則雲南在天日之南，天高皇帝遠；一則雲南是黔國公沐家鎮守，沐家與耿炳文是姻親，同情建文帝，已如前述。故傳說多把建文帝安排到雲南去避難。

建文帝活不見人，死不見屍（燒毀之屍，既沒有DNA，也沒有牙醫檔案，即便他懷裡抱一堆玉璽，也沒法肯定他就是建文），人們又非常同情他，痛恨朱棣上臺之後的暴政，所以還在永樂初年，就已有建文帝未死的傳言，頂著東廠、錦衣衛的高壓，倔強地冒了出來。

據《明史．姚廣孝傳》講：朱棣剛入京，就有人對他講，建文帝實「為僧遁去」，並且揭發了一位知情人，即建文帝的主錄僧溥洽（主錄僧是代皇帝在寺廟修行的替身和尚），甚至有人說，建文帝就藏在溥洽那裡。

這大概是建文帝「逃禪」的最早傳說，建文既「為僧遁去」，自然令人懷疑他的主錄僧溥洽。錢謙益《初學集》甚至說，建文帝出逃，就是溥洽替他剃度的。

朱棣將信將疑，因不便大搜和尚廟，就借他事將溥洽抓起來嚴訊，也沒問出個所以然。溥洽可苦了，一關就是十七年。

溥洽的好朋友姚廣孝（道衍和尚）是靖難第一功臣，一直為此內疚。到永樂十六年（一四一八年）臨終前，朱棣問他有何遺願，他唯一的請求，就是赦免溥洽，才使其逃脫牢籠。其實，要說朱棣把溥洽關這麼久，就是為了追查建文帝的下落，並不可信。朱棣對政敵絕不寬恕的性情，才是他久繫溥洽的原因。

永樂朝的許多政事，也被人往建文帝身上附會，如明末人張岱《石匱書．胡濙列傳》記：當時有傳建文帝駕崩的，也有稱他遜去的，舊臣多從之而去。朱棣疑心轉重，便派胡濙「巡天下」，名義上是尋訪張邋遢（張三豐），又稱搜求異書，實為奉了密旨，遍行郡縣，密察人心，並訪問建文帝下落。

因為建文帝在雲南的傳言尤其多，所以胡濙在南方待的時間特別久。永樂二十一年（一四二三年）胡濙還朝，適逢朱棣北巡，駐蹕宣府（今中國河北宣化），胡濙星夜馳至行在。

朱棣已經就寢，但一聽胡濙來，急忙披衣起床，召之入見，賜坐與語，而胡濙說：「不足慮也。」

同書還說，胡濙未覆命之先，朱棣又聽到「建文蹈海」而去的傳聞，乃分遣內臣鄭和等浮海下西洋。直到胡濙帶回「不足慮」的確信，他才完全放下心來。

看官，你看它寫得活靈活現，恰似真事一般，並為《明史》採信。但從其所記來看，朱棣辦事似乎輕重不倫：大明王朝那麼大地盤，就派一個胡濙跑單幫，訪了二十年，鬍子都白了，能跑多大範圍？而另一方面呢，鄭和去海外搜尋，披甲數萬，戰艘數十，遷延數年，往復數萬里，陣仗又太大了些。一內一外，一靜一囂，甚不相稱。

你別看現在沒什麼人再信鄭和下西洋是為了「蹤跡」建文帝，然曾幾何時，信的人滿多呢！學者寫文章，也熱熱鬧鬧探討過。明代的「掌故大家」鄭曉，在《今言》裡就篤定地說：「成祖大舉下西洋，不亦勞乎？其實派鄭和泛海、胡濙頒書，是因為國家有大疑，不得不如此啊！」誰也不免有冬烘的時候。

胡濙在宣德、正統年間做了十幾年的禮部尚書，北京地區這一時期現存的碑刻，有許多是他撰寫的，基本上都是一些應酬文字。從這些碑文看，此人好交際，且交遊廣泛，為人性格隨和，是個老機靈，無論是佛是道，他都好一口，標準的好好先生——這樣一個人，顯然不是做密探的料，如果讓他去訪建文帝，人選首先就失敗了。不過此人溺仙好道，讓他去訪張三豐，實至名歸；訪建文帝，應絕無之。

那麼，永樂二十一年，他對朱棣說什麼「不足慮」呢？看官試想：朱棣皇帝已幹了二十二年，其間數度北征，與北虜硬碰硬，還降伏了安南；他調發全國之力，營建了北京，又集成《永樂大典》，做出驚人的文化建樹。如果這樣一位「文治武功一大聖」，還為一個失了國，逃到鼠洞子裡的建文帝憂懼，未免太小看他了！

他所「慮」者，非別人，皇太子朱高熾耳。

朱棣對太子很不放心，有確鑿的證據表明，他曾命赴南京出差的胡濙，密察在南京監國的太子行事如何。胡濙是根老油條，自然不肯說太子的壞話。而皇太子知道他的祕密使命，也是防著他的。等到登基了，還記得此事，於是點察御前機密文書，檢出胡濙當年的密奏，卻見上面說的盡是太子的好話，乃大為感激，胡濙也鞏固了他在新朝的寵信地位。

這是後話，在後章細講。

明初的許多故事與史實，真真假假，虛虛實實，糾纏在一起，令人莫衷一是，難以辨別。而建文帝可能沒有死的消息，卻很快在社會上流傳開來，成為民間飯後話題的一種。

英宗正統五年（一四四〇年）時，有一個雲南僧人自動站出來假冒建文帝。那時，朱棣死了快二十年，時過境遷，此人不必擔心被害，反想借此掇一份天大的富貴。但假貨經不起驗，到朝一問，破綻百出，如他說自己年已九十餘，但建文帝是洪武十年生的，當時不過六十四歲，相差太遠，就破了綻。一打問，才知此人真名楊行祥，河南鈞州人，與他同謀的十二人，都是雲南、廣西一帶的僧徒。此人不久死在獄中，同夥流放遼東為軍。此案說明，關於建文帝流亡的傳說，在當時已經深入人心，就是邊方之地的山村野夫，也是曉得的。

成化年間，仍有類似的假冒案發生。據梁億《遵聞錄》記載，成化某年，逃亡雲南多年的建文帝已經是八十多歲的老翁，不想再躲躲藏藏了，一天他跑到布政司衙門，稱自己就是建文皇帝。三司官員大驚，問他現身的目的，他說：「久在外，思歸。」雲南三司在與黔國公商量後，用囚車將此人送到北京。老頭在路上還寫了一首詩，其中有「流落天涯八十秋，蕭蕭白髮已盈頭」等句。此老上京後，結局如何，該書沒有交代。而下面要講的《從亡隨筆》一書，則明白寫到，建文帝得獲善終，被迎入大內奉養起來。

如此等等的建文遜國故事，漸漸從一絲輕風，變作一股勁風，又由一張草圖，漸而設色，成為一幅人物眾多、場景複雜多變的長卷。終於在萬曆時，一幅完整的建文帝逃亡路線圖被繪製出來，並把隨帝逃亡之人、逃亡期間的故事、逃亡所經的人與事，等等，交代得環環相扣、清清楚楚。而社會上一般人，也多傾向於接受出亡說。如沈德符在《萬曆野獲編》中說：建文帝「天位雖不終，但自保之智有足多者」，即婉轉地表明了態度。「自保之智」，是說建文帝善於躲貓貓，朱棣就是抓他不著。

第三十六章　建文帝逃亡，「煞有介事」

建文帝是否出亡，民間紛紛其說，固不打緊，但到修《明史》時，就必須有個明確的結論了。《明史·恭閔帝紀》是這麼寫的：

「宮中火起，帝不知所終。燕王遣中使出帝后屍於火中，越八日葬之。或云帝由地道出亡。……自後滇、黔、巴、蜀間，相傳有帝為僧時往來跡。」

「不知所蹤」、「或云」、「相傳」，都不是肯定語。《恭閔帝紀》的作者是清初著名學者朱彝尊，他認識到「革除年事，多不足信」，曾寫專文辨證，說建文遜國的記載，「不足信者五」（《曝書亭集．史館上總裁第四書》）。但他仍無法做出決斷，只好取一個折中的態度，將諸說均採納，而不執於一是。

在「不足信」的眾多「革除」史事中，《致身錄》（稱「東吳史仲彬自敘」）和《從亡隨筆》（作「朝邑程濟著」）是兩本非常重要的書，它們記述了建文君臣的逃亡行蹤，彷彿是建文帝的逃亡日記，非常詳盡。這兩部書在明末頗有信史的聲譽，直到錢謙益做了辨證，認定都是偽書，「遂為識者所不談」（但現在仍有學者認為它們並非偽撰）。

二書之假，其實只要不是冬烘得太厲害，是很容易鑒別的。比如建文帝是怎樣出逃的，非常關鍵，《致身錄》如是記載（括弧內為我的評語）：

建文帝知金川門失守，長籲東西走，欲自殺（發狂狀）。翰林院編修程濟提議：「不如出逃。」少監王鉞跪著向前道：「當年太祖皇帝升天時，留下一個小箱子（開始講神話了），交代遇有大難，方可開啟。如今就藏在奉先殿之左。」群臣聽了，一齊說：「快取來看。」

很快抬來一個紅色小箱，建文帝一看，傻眼了，原來箱子四周緊箍以鐵，掛著兩把鎖，鎖眼裡都灌了鐵，怎麼打開嘛！情急之下，建文帝大哭起來，急命放火燒殿（弱智態）。

打開一個小篋，能有多難，建文兄何必太過張惶求死？瞧——一旁的編修程濟，不知拿什麼，一下就把箱子擊碎了，露出度牒三張，分別寫著應文、應能、應賢的名字，還有三套袈裟，以及僧人的鞋帽剃刀，一應俱全，另有白銀十錠（一提銀兩，便露了陷。白銀在明初不是合法的貨幣，《大明律》裡明確禁止使用大明寶鈔和銅錢以外的貴金屬貨幣。銀兩成為流通的貨幣，是明代中期以後的事）。

程濟還在箱內發現一張紅筆寫的紙條，上面寫著：「應文從鬼門出，餘者從水關御溝而行，薄暮會於神樂觀之西房。」

建文帝長嘆一聲：「此數也，命也！」乃伏下頭，甘心於命運了。

程濟立即動手，為皇上剃髮。吳王府教授楊應能表示願意剃髮，隨帝出亡。御史葉希賢也毅然道：「臣名希賢，應賢便是我了。」也剃了頭。這樣應能、應賢有了，建文帝朱允炆自然便是應文，三人名字中各占一字（故事又露馬腳了：楊應能是應能，葉希賢對應賢，但朱允炆如何能對應文？文、炆字本不同。三人都是「應」字輩，然君臣能以師兄弟並稱嗎？須知留下度牒的朱元璋，是最重體統和名分的！）

當時殿內的五、六十人，都矢志追隨倒臺的皇上（這與實錄所記大不同。實錄說群臣都逃散了，建文帝身邊就剩幾名宦官，成了一個光桿司令）。建文帝擔心人多易暴露，命名氣較著和在京隨任有妻兒者離去，只留下九人。

這九個人跟著建文帝潛行至鬼門（不知鬼門為何門？誰也沒法考證出來，莫非見鬼才開？），只見牛景先鐵棒一揮，並未用力，門自動就開了（真是見鬼！）。門外水岸邊泊著一條小船，眾人急急登舟。那舟子一見建文帝，搗頭便呼萬歲。

「汝何人？何為至此？」建文帝驚道。

「臣乃神樂觀道士王昇。」舟子答，「昨日夢太祖高皇帝一身緋衣，南向立於奉天門，令兩校尉縛臣至，詰問臣：『你官居六品提點為何？』臣頓首謝罪。太祖指示臣說：『明日午時，你駕一舟，在後湖鬼門外候駕。此事切勿外洩，你尚有後福，否則難逃陰殛。』臣這才知道陛下要來。」

原來是太祖的安排（又是鬼話）！

建文帝當晚就在神樂觀暫憩，繫舟於太平門外堤畔。到薄暮時，楊應能、葉希賢等十三人一起趕到，共二十二人。

以上是《致身錄》的記載。胡適先生說：「這完全是小說口吻，全無史料價值，故後出之《從亡隨筆》把此中最荒謬的神話都刪去了。」

且看《隨筆》如何說——

建文帝知金川門失守，徘徊欲自殺（不那麼狂躁了）。編修程濟說：「臣逆知有今日也（他倒能掐會算）。為今之計，莫若出逃。」太監王鉞說：「就是出逃，亦怕人認得。奉先殿留有太祖一諭，臨大難當發之。」群臣齊言：「速取來。」須臾抬一紅匣至，四圍固以鐵，閉以二鎖，鎖以鑄鐵灌，堅不可啟。群臣無計（這回該群臣笨笨呆呆了），程濟一腳踩碎匣底（他始終聰明），再看裡面，都是髡緇之具，有度牒三紙，袈裟剃刀具備，白銀十錠。

建文帝大慟道：「這是命數啊！」於是由程濟為他落髮。建文帝命取筆來，回頭對程濟說：「朕仍以文為名。」在度牒上書名為「應文」（幫《致身錄》作者補了鍋，解決了文、炆不同的問題）。吳王府教授楊應能、御史楊希賢都說：「臣願落髮以從。」就在牒上分別寫上應能、應賢（這麼寫，比朱元璋預先留下應文、應能、應賢的名字，要恰當些）。

建文帝與程濟、梁良用等偷偷潛出西華門。這時燕軍正在金川門巷戰，以游兵一支攻打朝陽門，建文帝趁亂從西華門逃出。（捨去了鬼門和地道，這算給建文帝如何脫逃提供了一個貌似合理的解釋。但西華門是宮城之西門，宮城之外還有皇城，皇城之外才是京城。朝陽門、金川門都在京城的東側，建文帝逃出西華門，就能逃出京城去嗎？）

建文帝是沒受過辛苦的，走不了幾步，就走不動了。程濟著急道：「事急啦！」扶著建文帝沿河快走。不遠處岸邊停著一條船，程濟近前一瞧，捉急了：「有舟無人駕，這可怎麼好？」梁良用說：「臣會撐船。」於是眾人翊衛著建文帝登舟，順流而去。到申刻（下午三點）駛抵南門，程濟道：「此去便是三山門，有兵不可去。」乃捨舟改陸行。……至聚寶門，遇上守門之卒（應是燕軍），程濟道：「我等都是異鄉僧道，恐死亂軍耳。」乃得出。（城陷之際，各門盤查一定極嚴，程濟幾句話竟能誆出，真是能吹會蓋！）

這時天漸漸黑了，無處安棲，程濟道：「由此東去，是郊壇，有神樂觀。道士王昇與臣有舊，何不去投他？」建文帝擔心不密，程濟拍胸脯道：「此人素忠義，他的名字就是皇上所賜。」於是眾人緩步乘月而行（忽又淡定！），在更盡時分來到神樂觀，王昇出迎。是夕眾人皆不寐。十四日晨，楊應能、葉希賢等二十一人亦至，環而坐之，無不悲泣。

胡適先生說，《從亡隨筆》是根據前出的小說改編來的，因為要冒史料，所以刪去過甚的神話，如太祖預定三人牒名、篋中御筆預言、鬼門一擊即開、太祖給王昇托夢等。但仍不免有大漏洞，比如神樂觀已無太祖的指示，建文帝亦是信步而至，何以次晨楊、葉等二十餘人仍能來此集合？

胡先生的考證已出本書範圍，此處從略，他的大作〈建文遜國傳說的演變——跋崇禎本《遜國逸書》殘本〉（刊於中央研究院，《歷史語言研究所集刊》，一九二八年發刊號）對建文遜國故事演變的梳理卻值得一看。

胡適所見《遜國逸書》，包括四種：《致身錄》、《從亡隨筆》、《拊膝錄》和《黃陳冤報錄》（後二種已失），都是關於建文帝逃亡的「史料」。書前有崇禎十七年（一六四四年）八月，前內閣大學士錢士升做的序。這篇序所署的時間很扎眼，因為就在五個月前，崇禎帝剛剛在煤山吊死，明朝差不多算亡國了。大概錢士升的心情還不算太壞，竟有閒情為一部「商業書籍」作序（當然，錢老先生鄉居已久，也需要掙些潤筆度日）。胡適分析這部書「大概是國變之際南京書賈的一種投機牟利的事業」，因為編此書時，北京已破，序文中發慨道：崇禎十七年距建文四年，凡二百四十二年，京師二破，「滄桑之變，言之可痛」。點出了商人編集這樣一部書的時機及「賣點」所在。所謂「國變」之「痛」，對書商的意義，只是為其重炒現飯，將舊書結集再版提供一次機會罷了。

從序文來看，兩部書出世都很晚。胡適將二書進行對比，認為《致身錄》先出，《從亡隨筆》後出，且主要依據前者的綱要，「略加細節目而已」，所以內容要比前者為詳。《致身錄》多「小說口吻」，「全無史料價值」是一目了然的，《從亡隨筆》因為要冒充史料，把其中最荒誕的神話都刪去了，更具欺騙性。

胡適先生的結論是，兩部書都是偽書。他考證建文帝「遜國故事」，其實是要借這個從亡故事的演變，說明一個道理：「凡故事傳說的演變，如滾雪球，越滾越大，其實禁不起日光的烘照、史家的考證」。他還列出了這個故事的演變軌跡：

第一，建文自焚後，民間傳說紛起。

第二，其後數十年，約到十五世紀中葉，出現建文亡臣二十餘人，其中九人有事蹟（皆見於《明史》），但只說他們是「亡臣」（亡國之臣），並不曾說他們是「從建文出亡之臣」。

第三，民間又造了一段程濟的神話，有許多怪誕，又有補鍋匠等傳說。

第四，萬曆末年，建文遜國之事「稍稍彪炳」，於是《致身錄》出，將前一階段陸續所出的人物，東扯西拉，合成二十二人，更把傳說中的補鍋匠、雪和尚等人一一坐實。建文行蹤也說的「像煞有個事」了。

第五，崇禎末年（十七世紀中葉），又有程濟《從亡隨筆》出現，盡採前說，再添上三人，刪去明顯有誤的一人。故事至此基本成型。

第三十七章　建文是死是活，不由他

如今各地有許多建文遺蹟與遺物，如雲南、貴州、江蘇、福建、重慶等地，分布極廣，主要是寺廟、墓葬及一些帶有御、駕、皇等字樣或龍形紋飾的器物和詩詞。很多人對建文帝在當地盤桓隱居多年，並葬身於此，深信不疑，考證也是異常精詳。就拿重慶（明代屬四川）來說，就「發現」沙坪壩、磁器口、渝北區三處落腳點，據說建文帝來過三次，所從之來，所去之地，所攜之人，調查得清清楚楚。朱棣沒辦法做到的，今人不借助監控錄影，輕易做到了；今人若穿越到明代，一定把東廠、錦衣衛做得風生水起。

但是，容我說一句大大冒犯的話，我覺得有關證據多是從附會出發，展開羅曼蒂克式的誇張聯想，進而得出浪漫主義的結論。

其實不單建文遺蹟，絕大多數的遺蹟，多不過是如此攀拉硬扯、巧思附會而來。比如唐末的黃巢、明末的李自成，都是鼎鼎大名的人物，一例的死而不死。黃巢在泰山虎狼谷自盡，民間盛傳他在洛陽出家，還曾留詩道：「曾記當年草上飛，鐵衣著盡著僧衣。天津橋上無人識，獨倚危欄看落暉。」李自成殞命湖北九宮山，有傳說卻稱他在湖南石門縣夾山寺立地成佛，在小說裡他還和陳圓圓生了個美女阿珂，則更不必說了。和建文帝一樣，關於李自成的下落，不僅民間傳言甚盛，學術界也爭論了許多年，至今沒有定論。有人總結出「倒楣帝王多出家」的規律，依照這個規律，建文帝也只好出家為僧，托此龍蛻了。

看官，建文逃亡事，只可作好玩的，切莫當真！

從全國分布如此之廣、證據如此之多的建文帝遺蹤來看，建文帝哪裡是逃跑，他簡直是巨人游山河，否則怎會處處留下巨大的腳印？人們常說，朱棣是明代「特務政治」的始作偽者，那我要為他平反了，建文帝在江南、雲貴川一帶招搖過市，他都發現不了、抓之不著，還敢稱特務？偽軍偵緝隊都算不上。

有看官要問了，看來你是一定要違眾，認定建文死於宮火，而沒有逃亡的囉？證據何在！

建文帝逃亡的證據，實在是多，既有文本，又有實物，且分布極廣，總不成不同省份的人一起串謀來作偽證吧！我只好先承認，我沒有證據，但我有什麼呢？我有符合常理的判斷力，有時候，合情合理是比所謂「證據」更可靠的。

首先，我們不能說填充了許多假冒資料的《明太祖實錄》表示建文自焚了，那他一定是借火遁了。這種「逆反式」的邏輯應該去除。從史料來看，當時宮內確實起了一把火，但火勢應該沒有延燒太廣，因為永樂初年並沒有大興土木，重建宮殿的記錄。

建文帝在城破當日的行跡，可考求者僅一事，就是召左都督徐增壽詰之，將其斬於殿廡之下。黃雲眉先生《明史考證》據此發疑：「惠帝是日尚能手誅徐增壽於左順門，則非坐困宮中可知。」朱允炆當然不想「坐困宮中」，可四面皆敵，他想上天，還想遁地，關鍵是：上天入地，有路嗎？

誅殺徐增壽後，燕軍逼近宮城，宮城之破，已在眉睫。設想當時的情景，建文帝絕望之餘，突圍無路，只好與妻妾訣別，一起舉火自焚。朱棣曾說過：「朕於宮中遍尋皇考宸翰不可得，有言建文自焚時，並寶璽皆毀矣。朕深慟之。」宮中原存太祖御筆文字（宸翰）盡焚，朱棣多次下詔徵求，應屬可信。

火是沒問題了，但此事的要害不在有火無火，而在建文死於火，還是逃於火？

從常理上來說，如果建文帝死於火，而當時死於宮火中的人必然很多，許多燒得焦爛的遺體，橫七豎八地架在一起，猙獰恐怖，撕扯不開。莫說當時並無 DNA 技術，可鑒定出哪一具是龍體，即便有，心虧的朱棣也不願認真地把親侄的遺體清理出來。建文自焚，正合他的利益，隨便拉具焦屍葬了，絕世人之心，就好了，至於有沒有混淆，他並不關心。

《明朝小史》卷四「孝友堂」記了這樣一件事，說建文帝曾為浦江義門鄭氏書寫孝友堂匾，於是有人誣告建文帝就藏在鄭家，朱棣遂「遣使廉之」。經查，事屬誣陷，乃斬誣告者。

這件事透露出，朱棣也不大肯定建文是否確然已死。類似的明人記載很多，如前面提到的溥洽下獄、胡濙周訪天下、鄭和寶船下西洋，都是往追蹤建文帝上附會。我還見到一種記載，說鄭和奉命查訪建文帝，曾在福建道上相遇，與之抱持大哭，然後把建文放走了。這就太假了！因為鄭和出身燕王潛邸，是朱棣的私臣，與建文何恩何義？他這一場哭，實在莫名其妙！不過是下西洋是為尋訪建文帝下落說的一個小翻版，純屬不經之言。

但這些紛雜而出的記載，把建文帝的出亡之謎攪得異常混亂，加之許多傳聞又被欽定正史《明史》採用，如《胡濙傳》說他「出巡天下，名為訪仙人張邋遢，又名頒書，遍行郡縣，察人情，及建文君安在」，《鄭和傳》更直接說：「成祖疑惠帝亡海外，欲蹤跡之」，讓小說家言多了一層「信史」的面紗。

我不想陷入繁瑣的資料討論，只想就人生常識來做結論。歷史，其實是研究「人的言動」的學問，但人們卻常陷入純文字的討論，作書生之辯，而忘記了，歷史是一種存在的真實，我們完全可以從個體的體驗來考求之，得出自信的結論。

我的愚見是，圍城之中，建文帝無處可逃，一定是假一把宮火，升天了。

為什麼這麼說？有兩個簡單的道理：

其一，好比伊拉克的海珊、利比亞的格達費，都是被人顛覆的統治者，他們兩位是逃走了，後來又都在電視鏡頭下被捉。這兩位強人，肯定比年少柔弱的建文帝生存能力強，而美軍布下的天羅地網，又未必如朱棣所布者深而且密。海、格二雄執政時間那麼久，所營之窟那麼多，為何到頭來還是走投無路？這很容易解釋：他們的權力來自其政權網路，一旦權力的金字塔在陽光下崩塌，他們立馬從頂點跌落，成為真正的匹夫。在逃命的本事上，他們可遠不及賓·拉登。因為這位恐怖大亨是暗夜之神，他一整套的祕密網路深藏地下，無數忠誠的部下潛伏世界各地，隨時幫助他躲藏追捕，並適時地發動反擊。

傳說中，建文帝頂著嚴密的搜捕之網，輾轉數省，竟連毛都沒讓朱棣摸到一根。不謙虛地說，他簡直是拉登的師傅拉燈——燈一拉，黑不隆咚，立馬遁形。但這可能嗎？逃命也是一門藝術，不僅要智慧，要金錢，還要忠心耿耿且十分神通的保駕衛士；這還不夠，更需要一張精心編織、長期經營的祕密網路，這個網路（好比地下黨的交通站）分布極廣，有「特務」居於各網點之上，長期潛伏，以備突然之需。

而一個整日坐在深宮裡，與一幫酸儒討論復古的建文帝，他恐怕是連鞋子都不會自己穿的。據清朝末代皇帝溥儀《我的前半生》回憶，他一直到被蘇聯軍隊俘獲，都還不會自己繫鞋帶。可想皇帝（溥儀還是一位顛沛流離的廢帝）所享的是何等尊榮！他們是真正四體不勤、五穀不分的一群人，一旦跌入塵世，幾乎沒有任何自存的能力。

其二，朱棣在宣告建文帝死亡後，江山在握，天下歸誠，建文帝是死是活，已經不重要了。本來靖難之役就是皇家的家事，不管哪一方做皇帝，都不改變天下姓朱、國號為明的事實，就此而言，建文帝在官員與群眾中沒有多大的號召力。朱棣在位期間，國內發生了多次民變（過去一般稱之為起義），但沒有一家打著建文帝的旗號，就是明證。假如建文帝在民間真有那麼深遠的影響力，隨便推出一個年輕人，硬說他就是故主舊君，那不是常有之事嗎？但幾十年間，從未有人假借建文帝這個「符號」以煽動群眾。可見建文帝並不是一個值得朱棣太過操心的人物。他在位時，朱棣就敢稱兵對抗，硬將他扳下臺來，此刻即便他活著，也不過是一個驚魂落魄、朝不保夕的逃亡者，豈足慮哉！倒是幾百年來，一些多事的文人在替他乾操心。

今人讀史，總不自覺陷入書中，不知史即為既往之今事，雖時光飛逝，世易時移，制度與文物皆不同，但人間的「世故」還是大體相似的。我們讀史，如果離開了今天的知識和體驗，不啻於深入鬼域探險，將永失其歸路了。

最後，我還要依「世故」，大膽做一個結論：為何建文帝死而不死？

建文帝即位後，提倡以文治天下，糾正了他祖父的許多惡行，使許多人收益，人們對他抱有較大的好感。建文帝雖然死了，人心的善良卻不願正視，兼之憐惜弱者的心理，希望他有格外的奇遇，竟能逃脫悲慘的命運。所以他明明死了，一百多年後，卻復活過來，四處遊玩，處處留情——這就是人們心中善因的萌發，這樣的例子在歷史上很多，不勝枚舉。

其實不必死者一定皆善，就是人們炫奇、好聽軼聞的心理，亦足以令驚奇之言甚囂塵上、廣為流布。好比格達費，屍體都在電視上展示給全球觀眾了，仍有專家宣稱格達費未死，並舉出四大力證，您說他到底有死沒死？現在那個專家不說話了，但你能保證過一段時間，不又跑個專家出來？我們熱愛的「哥哥」也墜樓死了，但一直以來，張國榮沒死，而是隱居的傳聞，從未停息過，不久前還有媒體宣稱要公開內幕。但粉絲們等到今天，哥哥就是不露面；莫說十年的等待，就是海枯石爛，哥哥也不會還陽現世。

但這些有趣的話題，讓世界變得更為精彩。如果人一死則速朽，大家都是徹底的唯物主義者，具有外科醫生的洞察眼光，那麼這世界既無鬼，有無怪，也缺乏迷人的傳說與演義，還有什麼意思？

人們的史觀還受政治影響，好比在永樂朝，建文帝必死無疑，不死朱棣無以正其統。後世說法稍鬆，就允許他復活過來，眾人說「革除遺事」，不必擔心有人來請喝茶。而入清以後，因為有個朱三太子的案子（也說明朝太子不死）在那兒影射，建文帝「活著」，就大有違礙了。清廷便不許他再「活」。於是在清初的著作裡，建文帝不死也死了。到後來，統治穩固，建文帝死與不死，已無關時政。於是在撰寫《明史．恭閔帝本紀》時，就可以進行些「學術討論」了。本紀的執筆人徐嘉炎就持建文帝未死外逃的意見，而朱彝尊相信《明實錄》的說法，認為建文帝死於火。兩下相爭，皆屬懸斷，無從考證，於是《明史．恭閔帝本紀》只好這麼寫：

「宮中火起，帝不知所終。」

朱家非比尋常的日常（一）：
窺探明太祖、成祖與眾太子間的愛恨糾葛

作　　者　胡　丹

發 行 人　林敬彬
主　　編　楊安瑜
編　　輯　王艾維、高雅婷
封面設計　鄭婷之
編輯協力　陳于雯、高家宏

出　　版　大旗出版社
發　　行　大都會文化事業有限公司
11051臺北市信義區基隆路一段432號4樓之9
讀者服務專線：(02)27235216
讀者服務傳真：(02)27235220
電子郵件信箱：metro@ms21.hinet.net
網　　址：www.metrobook.com.tw

郵政劃撥　14050529 大都會文化事業有限公司
出版日期　2022年02月初版一刷
定　　價　320元
ISBN　978-626-95647-1-2
書　　號　B220202

Metropolitan Culture Enterprise Co., Ltd.
4F-9, Double Hero Bldg., 432, Keelung Rd., Sec. 1,
Taipei 11051, Taiwan
Tel:+886-2-2723-5216　Fax:+886-2-2723-5220
E-mail:metro@ms21.hinet.net
Web-site:www.metrobook.com.tw

國家圖書館出版品預行編目（CIP）資料

朱家非比尋常的日常（一）：窺探明太祖、成祖與眾太子間的愛恨糾葛 /胡丹 著. -- 初版. -- 臺北市 : 大旗出版 : 大都會文化發行, 2022.02
304面 ;14.8×21公分. --（B220202）
ISBN 978-626-95647-1-2(平裝)

1. 明史 2. 通俗史話

626　　110022611